掛布の打撃論

Masayuki Kakefu

掛布雅之

日本実業出版社

はじめに

　プロ野球という世界は、常に変化し、進化を続けています。その中で、私は阪神タイガースというチームで選手として活躍する機会を得て、数多くの経験を積み重ねてきました。
　長い年月をかけて身につけた技術や知識、そして苦楽を共にした仲間たちとの思い出が、今も私の心に深く刻まれています。

　打撃という技術は、野球において最も重要な要素のひとつです。打者としての成績が、チームの勝利を左右する場面も少なくありません。
　しかし、打撃は単なる力任せの技術ではなく、繊細なバランス感覚や精神力、そして状況判断力が求められます。私はこれまで、試行錯誤を重ね、数々の壁にぶつかりながらも、自分なりの打撃スタイルを築き上げてきました。

　この本では、私が現役時代に培った打撃技術や考え方、そして成功や失敗から学んだ教訓を、余すことなく伝えたいと思います。
　プロ野球選手を目指す若い世代だけでなく、アマチュアの選手や野球を愛するすべての方々にとって、何かしらのヒントやインスピレーションを得てもらえたらと思います。

　その中心にあるのが「レベルスイング」の極意です。
「レベルスイング」とは、シンプルでありながら非常に奥深い技術です。現代野球においても、その重要性は変わりません。むしろ、さまざまな打撃理論や新たな技術が登場する中で、あらためて「レベルスイング」の価値が見直されつつあることを実感します。

　私が伝えたいのは、技術的なことだけではありません。打撃にはメンタル面の強さも欠かせません。プレッシャーに打ち勝ち、冷静

に自分をコントロールする力が必要です。そのため、私はこの本を通じて、打撃に対する「心の持ち方」についても言及したいと思っています。

　プロとして、そして指導者としての経験を通じて感じたこと、学んだことを、一冊の本としてまとめることができたことをうれしく思います。この本が、みなさんの野球人生に少しでも役立つことを願っています。

掛布雅之

掛布の打撃論　目次

はじめに ………………………………………………………… 1

CHAPTER_01 ｜ 打撃の基本はキャッチボール

1 回転軸を大切に ………………………………………… 12

打撃の基本はキャッチボールにある ……………………… 12

首をしっかり真っすぐ立てて背骨の上に乗せる ………… 13

首から背骨の回転軸をつくる ……………………………… 13

2 キャッチボールも打撃も「三角形」が基本 …… 16

「三角形」をしっかりつくる ……………………………… 16

三角形で覚えるボールと体との距離 ……………………… 18

3 大切にしたい「足の裏」の意識 ………………… 20

踏ん張るときには足の指でグラウンドを噛む…………… 20

体重移動の際に意識するポイント ………………………… 21

4 「投げる」と「打つ」の共通点 ………………… 23

強い球を投げるためには足の軸が必要 …………………… 23

COLUMN_01 打撃フォームのお手本をつくる ……………… 26

CHAPTER_02 | バットの選び方、握り方

5 自分に適したバットとは 30

私のバット選び 30

第一印象で決めていい 31

金属バット打ちの弊害 32

6 バットの見方 35

木製バットのスウィートスポット 35

金属バットのスウィートスポット 36

柾目と板目 37

バットの芯の本当の理解 39

長距離バッターは長め 39

7 グリップの握り方 41

バットは指で握る 41

脇を適度に空ける 42

握り方によって変わるスイング 44

COLUMN_02 レジェンドからの教え 46

CHAPTER_03 | 打席

8 構えとスタンス 50

構え方はリラックスが一番大切 50

スタンスは3種類 …………………………………………… 51

日本の打者はオープンスタンスが多い ………………… 53

スタンスと踏み込みの日米の違い ……………………… 54

9 「ヘッドを立てろ」と「ダウンスイング」の本当の意味 …… 56

ヘッドを立てろ＝ヘッドを落とすな ………………………… 56

最短距離で捉えるにはバットのグリップエンドから ……… 57

形と呼吸 ………………………………………………………… 59

やり投げの選手を見て取り入れたこと ……………………… 60

10 バックスイング ……………………………………………… 62

トップで弓を張った位置に ………………………………… 62

ボールを両目で見る ………………………………………… 64

バットの芯にうまく当てるには …………………………… 65

11 前に踏み込むステップの幅 ……………………………… 68

広いほうが軸は安定するが、腰の回転は遅くなる ……… 68

始動はちょっと早めのほうがいい ………………………… 70

ヒッチも有効な手段 ………………………………………… 70

12 体重移動の奥義 …………………………………………… 73

踏み込む右足の軸を大切にする …………………………… 73

Column_03 恐怖心との戦い　　　　　　　　　　　76

CHAPTER_04 | レベルスイングの極意

13 すべてはレベルスイングからはじまる 78

基本はセンター返し 78

レベルスイングの確率が高い理由 79

14 フライボール革命の落とし穴 84

メジャーでアッパー気味のスイングが多い理由 84

打者と投手のいたちごっこ 85

結果を残せるのは、メジャーでも一握りのスーパーマン 86

15 レベルスイングでもボールはしっかり上がっていく 88

甲子園で逆方向にホームランを打つために 88

個人の武器を生かした適材適所が求められる 89

ボールの真ん中よりやや下にバットを入れる 90

速く投げることと、遠くへ飛ばすスイングの共通点 92

16 インパクト時の力をつくる打撃の「割れ」 95

前の足がステップしたときに後ろの手を引いた状態をつくる 95

17 体の「開き」を抑える 98

いかに胸を相手に見せないかが勝負 98

ボンズ型の軸足スイングの勘違い 100

18 インパクトゾーンの「壁」 103

体の位置と一定に動く線を大切にする 103

流し打ちは自然にできる 106

COLUMN_04 王さんとイチロー氏の打法 110

CHAPTER_05 | 球待ち

19 ストライク、ボールの見極めとなる空間認識能力 114

手前6メートルで、振るべきコースか判別する 114

仮想ストライクゾーンで狙いを定める 116

素振りほど最高の練習はない 117

20 好調時こそ球の見極めを大事に 119

ボールを見すぎると振り遅れる 119

何を待つ 120

フォークボールの待ち方 121

21 ストレートに振り遅れないための対応 124

ポイントを近づけてもフライボール革命にはならない 124

フォロースルーで大切なこと 125

変化球待ち 127

カウント別の待ち方 127

22 コース別の対処法 ………………………………… 130

ホームベース上の斜めのライン ……………………… 130

ど真ん中は意外と難しい ………………………………… 131

内角打ちの極意 ……………………………………………… 132

走者の状況で考える ……………………………………… 133

データのない投手との対戦 ……………………………… 134

23 「待つ」ことについての心構え ……………… 136

ネクストサークルでの準備 ……………………………… 136

見逃し三振はOK ………………………………………… 137

代打は初球が大事 ………………………………………… 137

選球眼の磨き方 ……………………………………………… 138

COLUMN_05 「待ち方」のエピソード ……………………… 140

CHAPTER_06 | 練習

24 掛布流の素振り …………………………………… 144

3種類をワンセット ………………………………………… 144

対戦投手をイメージした素振りは自分が主導権を握れる ……… 147

常に「いい崩され方」の練習をしていた ………………… 147

素振り不足が脇腹の故障を生む ………………………… 148

スポンジ打ちの利点 ……………………………………… 148

マメを育てる ………………………………………………… 150

今の若い子は腰が落とせない …………………………… 151

マシン打撃で気をつけること …………………………… 151

25 自分の野球に適した体をつくる 153

ウエイトトレーニングの重要性 153

手首、握力、下半身はしっかり鍛えたい 155

トレーニングは仲良しクラブでやるものではない 155

自分の特徴を生かしたトレーニングを意識する 156

最新の解析機材による数値化の落とし穴 157

食事環境も今と昔は雲泥の差 158

26 歯を磨くようにバットを振る 160

一人で振る人間が最後に勝つ 160

便利な時代だからこそ「急がば回れ」 161

Column_06 数を振ることで身につくもの 163

CHAPTER_07 │ 心構え

27 メモは試合が終わってから 168

自分なりのデータをメモに書く 168

メモの活用方法 169

28 7割の失敗を大事にする 171

調子が悪いときほどよく眠れる 171

失敗の内容を変えることが、成長につながっていく 172

29 野球を嫌いになってはいけない ⋯⋯⋯⋯ 174

大切なのは「笑顔」と「向上心」⋯⋯⋯⋯⋯⋯⋯ 174

一人で野球に向き合う時間を大切に ⋯⋯⋯⋯ 175

30 本当の継続ができるかどうか ⋯⋯⋯⋯ 177

「悔しさ」「怖さ」を忘れない心 ⋯⋯⋯⋯⋯⋯⋯ 177

怖さを知ることが必要 ⋯⋯⋯⋯⋯⋯⋯⋯⋯⋯ 178

心技体の「体」が不可欠 ⋯⋯⋯⋯⋯⋯⋯⋯⋯ 179

31 4番打者としての心構え ⋯⋯⋯⋯⋯⋯ 181

どうすれば常に同じ心理状態で臨めるか ⋯⋯ 181

常に変えなかったこと ⋯⋯⋯⋯⋯⋯⋯⋯⋯⋯ 182

4番打者はファンのためにわがままでもいい ⋯ 183

江川さんとの真っ向勝負 ⋯⋯⋯⋯⋯⋯⋯⋯⋯ 184

COLUMN_07 4番打者に必要なこと ⋯⋯⋯⋯ 186

おわりに ⋯⋯⋯⋯⋯⋯⋯⋯⋯⋯⋯⋯⋯⋯⋯⋯⋯⋯ 188

カバーデザイン：トサカデザイン（戸倉 巌、小酒 保子）

本文デザイン：浅井 寛子

イラスト：内山 弘隆

本文写真：上野 裕二

編集協力：島尾 浩一郎（報知新聞）

CHAPTER_01

打撃の基本は
キャッチボール

CHAPTER_01 | 打撃の基本はキャッチボール

1 回転軸を大切に

打撃の基本はキャッチボールにあり、体の回転動作が鍵です。強く投げるためには「回転」の動作が不可欠で、その回転を支えるのが背骨の軸。キャッチボールでしっかり体を使い、ボールを正しく見ることが打撃にも役立つのです。

打撃の基本はキャッチボールにある

　打撃の基本はキャッチボールにある──。私の打撃論はここから始めたいと思います。
　野球経験者なら「キャッチボールを大切にしなさい」と教わったことがあるかもしれません。きっと素晴らしい指導者だったと思います。まさしく、その教えの通りです。
　なぜキャッチボールが大事かと言えば、第一に、**ボールをちゃんと見なければ打つことも、投げることも、捕ることもできるわけがない**のです。当たり前のことのようですが、私自身、プロになってコーチから最初にそう言われ、初めて意識したことでもあります。だから、まずはキャッチボールでしっかりボールを見なさいということです。
　体の使い方もキャッチボールの動作の中で学べます。強く投げるにはどうすればいいか。「押す」動作では、速い球も、遠くへ飛ばすこともできません。押すのではなく、必要なのは「回転」動作です。

首をしっかり真っすぐ立てて背骨の上に乗せる

　体を強く回転して強く投げたり、遠くへボールを飛ばしたり、その体を回転させる軸というのは「背骨」です。その背骨を真っすぐ立てるために、またボールをしっかり見るために、首をしっかり真っすぐ立てて背骨の上に乗せる、ということが一番大切なことなのです。

　体を強く回転させることで強く投げたり、遠くへ飛ばしたりができるわけです。この回転動作は、「投げる」だけでなく「打つ」ことにも共通します。

首から背骨の回転軸をつくる

　体をきれいに回転させるために意識しなければいけないのが、首から背骨の一本軸となる回転軸です。斜めになったり、前や後ろに倒れすぎていては、軸がぶれて、きれいな回転はできません。簡単なようですが、回転軸を意識できないために上達できない選手も多いのです。

　まず打つという前に、ボールをしっかり見るための体の形、肩、腰、膝、これはグラウンドレベルにしておかなければ、当然、軸は曲がります。

　一番大切なのは、ボールを見るために首を真っすぐ立てることです。 そうすることで、軸を安定させることにつながります。

　少しアゴを引いて背骨の上にしっかり乗せることで、1本の軸ができます。縦だけでなく、体の横のラインも意識しなければいけません。肩、腰、膝をグラウンドと平行（レベル）に回転させます。ここがぶれると、体は真っすぐ回転できません。これは投げることだけでなく、

レベルスイングを実現させるための根幹になることです。

▼ 打つ前の姿勢

首を真っすぐ立てる

少しアゴを引いて背骨の上にしっかり乗せることで、1本の軸ができる

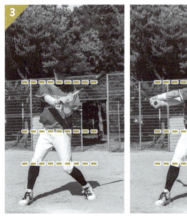

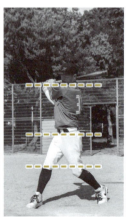

肩、腰、膝をグラウンドと平行（レベル）に回転させる

真っすぐに軸が通っていない構えは
NG

> **POINT**
>
> ☐ 打撃力を高めるためには体の回転軸を意識することが重要
> ☐ キャッチボールで得られる回転動作が打撃にも役に立つ
> ☐ 背骨の軸の安定が、投げることや打つことに効果を発揮する

CHAPTER_01 | 打撃の基本はキャッチボール

2 キャッチボールも打撃も「三角形」が基本

キャッチボールと打撃に共通するのは「三角形」です。打撃とキャッチボールで共通する三角形を意識することで、体の動きがスムーズになり、投げることも打つことも上達します。

「三角形」をしっかりつくる

　キャッチボールがちゃんとできない人は、打つことも、守ることも、投げることも当然できません。ここに、バッティングの大切な要素があります。
　打撃フォームでは、頭を頂点にしたきれいな三角形をつくる必要があると私は考えていますが、キャッチボールでも同じです。

　打撃はかがみ姿勢を取るため見え方は小さくなりますが、キャッチボールで使う三角形は、野球で使う一番大きな三角形です。足のスタンスを肩幅よりもちょっと広めて、つま先をちょっとハの字に開いて動きやすいようにして腰と肩と膝も水平に守る、これが一番動きやすいわけです。
　まず、この三角形を自分の中でしっかりつくらなければいけません。ボールを投げるときというのは、軸足を投げるほうにちゃんと向けるということです。

▼ キャッチボールで使う三角形

❶ 足のスタンスを肩幅よりもちょっと広める
❷ つま先をちょっとハの字に開いて動きやすいように
❸ 腰と肩と膝も水平に守る

　打撃でもこれは同じです。バッターボックスに入るとき、バッターのラインに対して直角に足を入れていき、軸足をつくります。
　キャッチボールのときは、相手に真っすぐ投げ返そうとする際、軸足も相手の方向に向かっていきます。これはバッティングの軸足とまさに一緒ということです。
　この基本中の基本を考えて野球に取り組んでいくことは、プロ野球の選手も子どもも関係なく意識してほしいことです。

　打撃の「形」を考える上で、両腕でつくる「三角形」が大切になります。**脇を開けすぎず、締めすぎず、リラックスした状態の二等辺三角形をつくってください。**
　その三角形がスイングで体の前を通るとき、後ろの手の平は上から下、前の手の平は下から上に入れ替わりますが、意識して入れ替える必要はありません。
　ボールが当たる瞬間はグッと押し込む感じで、手首はバットに引っ張られる感じで自然とかえるのです。26項「歯を磨くようにバットを振る」（160ページ）で説明するように、チューブを何万回と振る中で、この動きが自然と身につくのです。

CHAPTER_01　打撃の基本はキャッチボール

▼ スタンスの取り方

❶ 両足のスタンスを肩幅よりも少し広めて、つま先はどの方向にも動きやすいように外側に少し開く

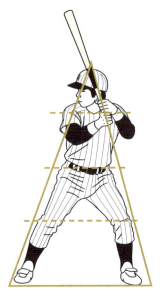

❷ 肩、腰、膝は地面と水平にしておく。このときの形は頭を頂点として両足を底辺とする三角形

三角形で覚えるボールと体との距離

　キャッチボールの「捕る」という動作では、ボールと体の距離感を覚えることができます。ボールを捕るときに、グラブをはめた手を伸ばしたり、折りたたんだりしますが、どの位置が最適か。あまりグラブの位置が体に近くても素早く動かせません。逆にあまり離れすぎていても器用に動かせません。
　野球を始めたばかりの子どもに適切な腕の位置を教えるにはどうすればいいか。両手で窓を速く拭くイメージです。そのときの窓と腕の位置こそ、一番器用に素早く動かせる距離なのです。

　バットと体の距離も同じことです。だからこそ、ボールを捕ると

きの距離感を無意識に体に染みこませないといけません。それが
バッティングにおいては、体の前をバットが通過するときの腕の距
離、使い方につながってくるのです。

　つまり、打つことは、投げること、捕ることと共通点が多く、
キャッチボールがしっかりできないことには上達しないのです。例
えば「捕る」形も、共通する基本です。

POINT

- ☐ 打撃とキャッチボールの基本動作には共通する
  「三角形」がある
- ☐ キャッチボールでは足と肩・腰・膝の三角形をつくる
- ☐ 打撃では頭を頂点にした三角形をつくる
- ☐ 基本を意識することで、より効果的な動きが可能になる

CHAPTER_01 | 打撃の基本はキャッチボール

3 大切にしたい「足の裏」の意識

打撃において重要なのは足の裏の感覚です。体重移動や踏ん張る際には、足の指でグラウンドをしっかりと捉えることが必要です。裸足での練習や足裏の感覚を磨くことで、打撃の精度が向上し、スイングが安定します。

踏ん張るときには足の指でグラウンドを噛む

　打撃で大事になる足の裏の感覚、使い方も、キャッチボールのときから意識してほしいことです。
　野球というスポーツは、前に進む、止まる、バックする、横に動く、斜めに動く、いろいろな動きが出てきます。その際に足の裏は、つま先からかかとまで全部使えないといけません。

　そして、スパイクを履いて走るときや、踏ん張るときには足の指でグラウンドを噛む感覚が大事になります。打撃で大切な体重移動も「足の裏」から始まるので、この部分の感覚が鈍いと、上達の妨げとなります。

　しかし、今の子どもは昔と違って、裸足で外を駆け回る経験があまりないでしょうから、足の裏の感性が鈍くなっているのではないでしょうか。たとえばビー玉を足の指でつかませるとか、小さいと

きから遊びの中で感性を磨かせてもいいのかもしれません。

　プロ野球でも若い選手に裸足で打撃練習させることがあります。足の裏で感じる野球、バッティングというのは、一丁目一番地ですから、すごくいい練習です。その使い方がわかると、プロ野球選手であっても、今まで悩んでいたことが一気に解決する可能性があります。

体重移動の際に意識するポイント

　鋭い軸回転を生み出すためには体重移動が必要ですが、それを受け止めるのも足の裏です。ですから、使い方が間違っているとスイングはバラバラになってしまいます。

　体重移動の際に軸足の足裏のどこを意識してパワーを受け止めればいいか。これは個人差があるかもしれませんが、私の場合は親指のつけ根より、もう少し真ん中よりです。

　一般的によく教えられるのが「親指のつけ根」です。でも、それだと前の部分に体重が乗りすぎて、足の裏全体で大地を踏ん張る感覚がなくなってしまいます。

　ですから、**親指のつけ根より、もう少し下で、少し人さし指寄りに体重をグッとかけておくことで、足の裏全体でグラウンドの土を感じられるようになります**。少し前への体重のかかり具合が物足りないと感じるかもしれませんが、多少、緩みのあるほうが車のハンドルでいうところの「遊び」ができるのです。

21

▼ 体重移動の際に意識する足の裏のポイント

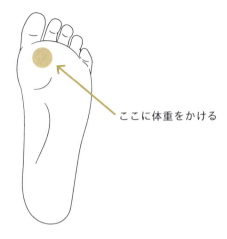

ここに体重をかける

親指のつけ根より、もう少し下で、少し人さし指寄りに体重をグッとかけておくことで、足の裏全体でグラウンドの土を感じられるようになる

　ゴルフで多くのプロを輩出したことで有名な「坂田塾」では子どもたちに裸足でボールを打たせていたと聞きます。これも人間の理にかなった体重移動を覚えさせるためだと思います。
　水泳や体操など靴を履かないスポーツは当然ながら、野球の上達にも足裏センサーを磨くことは大切です。室内で素振りするときなどは特に、足の裏を意識するといい練習になると思います。

> **POINT**
>
> ☐ 足の指でグラウンドを噛む感覚が必要
> ☐ 体重移動は足の裏で支えるため、足の裏の使い方が大切
> ☐ 親指のつけ根より少し下に体重をかけると効果的
> ☐ 裸足での練習や足裏感覚の磨きが打撃の向上につながる

CHAPTER_01 | 打撃の基本はキャッチボール

4 「投げる」と「打つ」の共通点

「投げる」と「打つ」は体の使い方に共通点が多いわけですが、強い球を投げるには足の軸と体重移動が重要で、バッティングでも同様の体の使い方が求められます。軸を保つことでスムーズな動きが実現し、投手と打者の対決はこの軸を巡る戦いでもあります。

強い球を投げるためには足の軸が必要

では、今度は投げる際の体の動きに注目してみましょう。

まずは軸足です。右投げなら軸足となる右足のつま先の向きは投げる方向に対して直角となります。投手がプレートに足をかけて投げるように、打者も軸足をバッターボックスの縦のラインに対して直角に足場をしっかり固めて入るのが大切です。

そして、強い球を投げるためには体の回転が必要です。左足を強く踏み込んで軸足に乗せた体重を受け止めます。

そのときに自分の頭が膝より打者の方向に出ては、下半身の力が逃げてしまって、鋭い軸回転ができません。踏み込んだ体重を受け止める「壁」が大切です。前の足でグッと受け止めたパワーを今度は後ろに蹴り返すことで、ビュンと鋭い軸回転につながるのです。

▼ 左足を強く踏み込んで軸足に乗せた体重を受け止める

❶ 右投げなら軸足となる右足のつま先の向きは投げる方向に対して直角になる
❷ 強い球を投げるためには体の回転が必要。左足を強く踏み込んで軸足に乗せた体重を受け止める
❸ 自分の頭が膝寄り打者の方向に出ては、下半身の力が逃げてしまい、鋭い軸回転ができない。踏み込んだ体重を受け止める「壁」が大切

　バッティングもまったく体の使い方は一緒です。
　例えば、頭が膝寄り投手寄りに出されるとどうなるか。変化球でタイミングを外され、いわゆる泳がされたときの形がそうです。軸がずらされて、力のないスイングしかできません。
　投手は軸をずらそうとし、打者は軸をキープしようとします。投手と打者の対決はこの軸を巡る戦いでもあるのです。この辺りのスイングの崩し方、崩され方についてはまた後ほど触れたいと思います。

▼ 左足を強く踏み込んで軸足に乗せた体重を受け止める

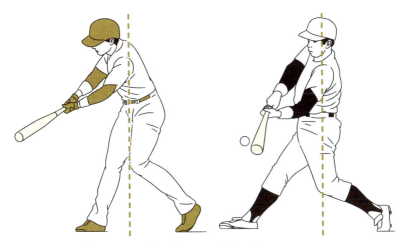

① 頭が膝寄り投手寄りに出されると「泳ぐ」形になる

② 頭は膝寄り手前で、足を軸にする

　まず、伝えたいことは「打つ」ためには「投げる」「捕る」ことと共通の基本が大事ということ。これは少年野球でもプロ野球でも、どんなレベルであろうと同じです。
　だからこそ、投手だけでなく、野手も、子どもから大人までキャッチボールを丁寧にしっかりするということがすごく大切だということです。

POINT

- [ ] 投げる際の足の軸と体の回転が打撃にも影響する
- [ ] バッティングでは頭を膝寄り投手方向に出さず、軸を維持することが必要
- [ ] 投手と打者の対決は軸を巡る戦いであり、体の使い方に共通点が多い
- [ ] 投げる、打つ、捕るの基本を理解し、練習に活かしていく

COLUMN_01

打撃フォームのお手本をつくる

私がお手本とした選手

　自分の打撃をつくっていくうえでは教わると同時にマネすることも大事だと思っていました。私がお手本とした打撃フォームは阪急などで活躍した加藤秀司さんです。

　私が習志野高校の野球部だった時代に、監督から日本シリーズを見てレポートを書くことを課されました。私は加藤さんの打撃の素晴らしさをレポートに書きました。加藤さんの打撃を簡単に説明すると、シーズン30本ぐらいのホームランを打つ長打力と、カウントが追い込まれても逆方向に打ち返せる確実性を兼ね備えていました。

　早めに「割れ」をつくって、一気に解放させるすごさがあったのです。同じ左バッターとして一番、マネしやすいと思いました。加藤さんには失礼な言い方になるかもしれませんが、体もそんなに大きくありませんし、私でも目指せると思ったのです。王貞治さんのような人並み外れた打撃は目指そうにも無理だったのです。

　プロに入っても加藤さんの打撃は、お手本として、じっくり見させてもらいました。加藤さんが広島にトレードで来たときは三塁の守備位置から見ることになります。すると、あるとき言われたのです。「サードには絶対打たないから、俺のタイミングの取り方が遅くないか見ておいてくれ。それで一塁に来たときに教えてくれ。その機会がなければ、あした教えてくれ」と。

加藤さんも私が普段からスイングを熱心に観察していることを知っていたのです。

　その当時、加藤さんはセ・リーグの野球に戸惑っていました。不利なカウントからでも変化球でストライクを取ってくることにリズムを崩していたのです。
「僕の場合はスリーボールからでもフォークボールが来る場合がありますよ」と伝えると驚いていました。
「配球でちょっと悩んでいて、タイミングがわからなくなっている。三塁の角度から、投手が振りかぶって、俺がテイクバックのときにどうなのか見てくれ」と頼んできたのです。
　実際、私の知っている阪急時代の加藤さんと比べてタイミングの取り方が遅かったのです。ですから「ちょっと遅いんじゃないでしょうか」と伝えました。変化球が頭にありすぎて、始動が遅くなっていたのです。

　もちろん、阪神の先輩にもいい打者はたくさんいました。藤田平さんは、ちょっとマネできないような柔らかい打撃でした。田淵幸一さんは右と左の違いもありますし、本当のホームラン打者でとてもマネできるようなものではありませんでした。

CHAPTER_02

バットの選び方、握り方

CHAPTER_02 | バットの選び方、握り方

5 自分に適したバットとは

バット選びは打者にとって重要な要素で、個々の感覚やスタイルに合ったものを見つけることが必要です。握り方の好みがいろいろあるように、バットそのものも合う、合わないがあるので、自分に適したものを探さないといけません。

私のバット選び

　バットは長さ、重さ、形、材質とさまざまな種類があります。一般的には、長距離打者はグリップが細く、長く重たいものを好みます。遠心力を利用してボールを遠くに飛ばせるからです。逆にアベレージヒッターはグリップが太く、短いバットを好みます。手首が返りづらいのでミートしやすくなるからです。
　私のバットは長さ34インチで、グリップは通常より太めでした。最初は細いものを使っていましたが、手首を骨折したことがあり、その負担を和らげるためです。

　ただ、打者のタイプよりも、**選ぶ際に一番大事にしてほしいのが自分の感覚です**。手の大きさも個人差がありますし、まずグリップを握ったときの感覚が、自分の好みに合うかどうかです。それによって感じる重たさも変わってくるのです。
　例えば、阪急の福本豊さんが使っていたツチノコ型のバットは1

キロ以上の重たさがありました。でも、極端に太いグリップで、さらに短く持つことで、バットの重みはあまり感じなくなるのです。

　ですから、重量よりも実際に振ってみた感覚を大事にするべきです。900グラムのバットでもグリップが細く、先端部分に重心が寄っているものは重たく感じるはずです。

第一印象で決めていい

　また、体の変化や、アクシデントによってバットを変えざるをえないこともあります。私の場合はプロ入り当初は細いグリップでしたが、先述したように手首を骨折して以降、手首の負担が少ない太いグリップにしました。

　最初は手首のことを考えての変更でしたが、実際に使ってみると、自分の打撃スタイルに合っていることがわかりました。甲子園名物のレフト方向に吹く浜風に乗せて打球をスタンドに運ぶためには、リストを使ってヘッドを返すのではなく、ボールの内側からグッとバットを押し込む意識がありました。私の理想の弾道は、レフトへフックボール、ライトへスライスボールというポールの内側に入ってくるものです。そういうバットの角度をつくりたいためのグリップの太さでした。

　アマチュアの人、特に子どもの場合は自分が長距離打者とか、アベレージ打者とかは決めつけないほうがいいでしょう。バット選びも先入観を持たず、第一印象で決めればいいと思います。**グリップを握ってみて、振ったときにビビッと来るものを選ぶべきです。**

　高校生までは金属バットなので、形にこだわる必要はありません。でも、あまり重たいバットは使わないほうがいいです。少し軽いぐらいのほうが腕の使い方に無理がないのです。子どもの場合は、体力の向上に応じて、重たくしていけばいいと思います。

CHAPTER_02　バットの選び方、握り方

31

金属バット打ちの弊害

　木のバットは芯の部分で打たないと強い打球は打てません。私が練習で使うバットはボール1個分の幅しか汚れませんでした。もちろん、試合になると詰まらされて、バットの根元にボールの痕がつくことがあります。でも一流打者のバットは、あちらこちらにボールの痕はないはずです。芯の部分の約10センチの幅で打てるかどうかの勝負なのですから。

　ところが金属バットだと、芯の幅が木製の倍以上もあります。芯から外れた根元に近い部分で打っても、バットが折れないので、パワーさえあれば内野の頭を越す打球も打てます。ですから強豪校は、ウエイトトレーニングで筋骨隆々の体をつくって、強くたたくバッティングをするのです。

　ただ、この力任せの打撃だと、バットのヘッドが外回りする、いわゆるドアスイングになりがちです。木のバットは、体に巻きつくように内からバットを出すのが理想です。そうすることによって、バットをしならせて打球を飛ばせるようになるのです。

　内から出すことによってインコースにも対応できます。ドアスイングでは内角の球は詰まりやすくなりますし、フェアゾーンに入れることが難しくなります。

▼ バットを体に巻きつけるようにして振っていく

木のバットは、体に巻きつくように内からバットを出すのが理想

内から出すことによってインコースにも対応できる

　高校卒業後も第一線で野球を続けたい選手は、金属バット打法からの卒業が必要です。特にプロは内角の球を打てないと、お金を稼げるようになれません。

　ドアスイングではなく、内からバットを出すことを普段の練習から意識してほしいのです。 ティースタンドにボールを置いて静止したボールを打つ「置きティー」でスイング軌道を覚えるのも効果的です。

　私は斜めから補助者にトスしてもらい、ネットに向かって打つティーバッティングよりは、この「置きティー」を推奨します。日本ではティー打撃が一般的ですが、アメリカでは置きティーのほうが主流です。なぜかというと、実際の試合では斜め下から来るボールを打つことはないのですから。やはり、正面から来るボールに対する感覚を磨くべきです。

スポンジボールや、さもなくば新聞紙を丸めたものを正面から打つのもいい練習になります。そのときに真正面から来るボールに対して、内からバットを出す感覚を覚えてほしいのです。

ちょっと難しい感覚になりますが、内側から入れて外側をたたくイメージです。内側から入れたままだと、スライス回転の弱い打球になってしまいます。しっかり、バットのヘッドを効かしてボールをつかまえたいのです。

正面から投げてもらうという意味では、強くは振れませんがトスバッティングも内側からバットを出す感覚を磨けるでしょう。私の場合はトス打撃でもスピンをかけたハーフライナーを意識しましたが、一般的にはどのコースの球にもワンバウンドで投手に返すことを心掛けてください。

そうすることでバット操作の感覚を磨けるのです。我々は「ペッパー」と呼んでいましたが、2人でもできる練習です。打つ、投げる、捕るとすべての基本を身につけることができます。

POINT

- [ ] 自分の打撃スタイルや感覚に合うバットを選ぶことが大切
- [ ] 体格などに応じてバットを変更し、自分のスタイルに合うものを見つける
- [ ] 置きティーやトスバッティングで内からバットを出す感覚を磨く

CHAPTER_02 | バットの選び方、握り方

6 バットの見方

バットのスウィートスポットは木製と金属で異なり、打者の感覚やバットの持ち方で変わります。また、バットには「目」があり、打ってはいけない面でボールを捉えればバットが折れたり、反発力でも損をします。適切な太さについても知っておきましょう。

木製バットのスウィートスポット

　ホームラン後の談話でよく「バットの真芯で捉えました」という表現が出てきます。バットの芯というのは一番弾きがいい部分です。
　では、その幅というのはどれくらいかわかりますか。答えは「ちょうどボール1個分」ぐらいです。そしてその芯の位置はバットの形状によって変わってきます。

　例えばバットの頭の部分を丸く削り抜くと、重量バランスが変わって、芯は下に下がります。軽くなるし、操作しやすくなります。ただ、遠心力は小さくなるので、くり抜かず、芯が上にあるほうが飛距離は出ます。

金属バットのスウィートスポット

　木製バットと金属バットでも、芯の幅は違うと言われています。木製バットはバットの先端から計測して1点しか芯が存在しないのに対して、金属バットでは幅5センチほどのスウィートスポットがあるという研究結果が出ています。そのため、金属バットのほうがスウィートスポットが広いことで、打球が反発すると言われているわけです。

　高校や社会人で金属バットを使ってきた選手が木製バットに変わったとたんに打てなくなる（飛距離が出なくなる）という現象は、こういう部分から起こっているのです。

▼ 木製バットと金属バット

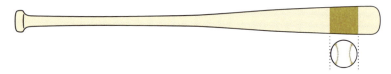

木製バットのスウィートスポットはボール1個分なのに対し、金属バットはボール約2.5個分

　確実性か飛距離か……。日本球界のバット事情を大きく変えたのが、「赤鬼」と言われた元ヤクルトのボブ・ホーナー氏です。

　ホーナー氏は当時30歳で、バリバリの超大物メジャーリーガーでした。米球界で契約がまとまらずに、1987年に1年だけヤクル

トでプレーしました。シーズン途中入団と故障で規定打席に達しませんでしたが、打率3割2分7厘、31本塁打、73打点の成績を残しました。

　その数字以上に、スイングスピードの速さに我々は衝撃を受けました。当時のプロ野球選手が使用していたバットは930〜950グラムが主流で、中には1キロを超える重量バットを使う選手もいました。85年の阪神の1番打者・真弓明信さんも、小さな体で960〜980グラムのバットを使っていました。私が使っていた長さ34インチ、重さ935グラムのバットも平均的なものでした。

　ところが、ホーナー氏のバットは約900グラムと当時では超軽量でした。「軽いバットのほうが芯に当たる確率が高くなって、ホームランも増える」と言うのです。重たいバットを振って当たれば飛ぶけれど、その確率が下がれば元も子もないということです。

　その後は日本球界でも軽いバットを使う選手が増えました。高校野球で使用する金属バットは900グラムほどですが、今やプロの主流は800グラム台となりました。

柾目と板目

　バットの話で言うと、最近は木製バットの使い方を知らずに入団してくる選手がいます。バットには柾目と板目があって、我々の時代のアオダモ素材のバットは節が真っすぐな柾目の部分で打ちました。最近のメイプル素材では楕円状の目がある板目の部分で打つようです。

　こう説明すると、難しく感じるかもしれませんが、要するにバットのメーカーのロゴを自分の顔のほうに向けて構えれば、正しいバットの面で打てるということです。

37

▼ バットには柾目と板目がある

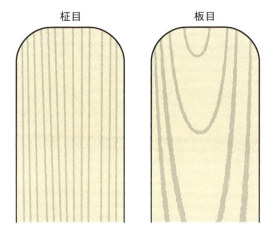

① アオダモ素材では節が真っすぐな柾目の部分で打つ
② 最近のメイプル素材では楕円状の目がある板目の部分で打つ

　打ってはいけない面でボールを捉えればバットが折れやすいだけでなく、反発力でも損をします。ですから、ロゴを自分のほうに向けるというルールは基本中の基本です。高卒ルーキーなど、その基本を知らないで入団してくる選手がいます。バットを見ると全部の面に汚れがついているのです。正しい面を意識せずに打っている証拠です。

　打撃を突き詰めて考えるなら、スイングだけでなくバットにもこだわるべきです。私は何十本もの中から自分の好きな節があるもの、音がするものを、目と耳で選びました。バットを耳の横に持ってきてたたくと、いいバットは金属音みたいな甲高いキンキンする音がするものです。特にプロでお金を稼ぐためには、道具にもこだわってほしいと思います。

バットの芯の本当の理解

「バットの芯に当てろ」とよく言われます。なんとなく気持ちのよいところ、という感覚はあるかと思うのですが、しっかりとポイントがあります。

概念的に言うと、ボールをジャストミートして手に余分な衝撃を感じることなく、心地よい感覚で打てるところがバットの芯になるでしょう。英語では「スウィートスポット」とも呼ばれます。

では、実際に打つという段階で、バットのどこで捉えれば、その心地いい感覚があるのでしょうか。昔、あるスポーツ用品メーカーの担当者に聞いたところ、こういうことでした。
「バットの先端を軽く持って拳でバットを叩いてみると、バットを持った手に衝撃が伝わらない一点がある、そこが芯です」

また興味深いのは、同じバットでも持ち方によっては少し芯の位置と幅が異なってくる、ということなのです。これは、たとえば**グリップエンドを短く持ったり、長く持ったりすることで、芯が変わる**ということになります。

なんとなく感覚でスウィートスポットを感じているプレーヤーが多いと思いますが、一度、持ち手によってどこが芯になるのかをしっかりと調べてみるといいでしょう。

長距離バッターは長め

難しい話はさておき、一般的に長距離打者はグリップが細くて重いバットを、ミートを主体とするバッターは太めのバットを使っているかと思います。その理由は「手首の返し」にあります。

太いバットのほうがインパクトの瞬間に手が返りづらくなるので、芯からずれにくくなるのです。しかし、長打力となると手首が返ったほうがボールに対する力はバットに伝わります。そのため、細いグリップのバットで先端の重さを利用して遠心力を使うわけです。

　しかし、その際にボールが当たるまでにバットのヘッドが下がってしまったりなど、芯に対してブレが生じる可能性があります。そのため、プロの選手は一概にグリップを太くする、細くする、ということではなく、さまざまな調整をしてバットを仕立てています。

POINT

- ☐ 木製バットはスウィートスポットが狭く、金属バットは広い
- ☐ バットの持ち方で芯の位置が変わる
- ☐ ロゴを自分に向けて打つと正しい面で打てる
- ☐ 軽いバットのほうが芯に当たる確率が高い

CHAPTER_02 | バットの選び方、握り方

7 グリップの握り方

バットのグリップの握り方は、スイングに大きな影響を与えます。効果的な握り方とスイングへの影響について具体的に説明します。また、打撃の際には脇を開けることが重要なのですが、それも握り方によって調整することができます。

バットは指で握る

　バットを構える際、下に持ってくる手をリードと言います。そのリードする手について、私は指で握ることを推奨します。
　上になる手は手のひらで「握っている」人が多いと思いますが、私の場合やはり上の手も指にかけて握ります。握るというよりも「力を入れない」感覚で、添えるようなイメージです。

　こういう握り方をする理由は、「ボールを捉える際のズレをなくす」ということです。バットのグリップは細いので、それを自分の手のひらで握りにいくと手があまって握り切れない感覚になります。
　大きい手で細いグリップを握るためには、指先にかけてあげることでズレを最小限に抑えることができるのです。

　私の場合は下の手（右手）の第2関節と第3関節の間に上の手の

第2関節が収まる感じです。第2関節を上と下で重ねる感じで握る人もいますが、それだと絞りすぎで、打つときに脇が開いてしまうからです。

▼ グリップの握り方

握るというよりも「力を入れない」感覚で、添えるようなイメージ

脇を適度に空ける

絞りすぎずに少しゆとりがあることで、左脇（右打者なら右脇）が適度に空きます。その適度なゆとりが、左肘をヘソの前に持ってくるときのスイングスピードにつながるのです。

メジャーリーガーのように左肘を張るような構えだと、グリップは上の手の第2関節に下の手の第3関節が合わさる感じです。肘を

ヘソの前に持ってくることによるスイングスピードを上げるための距離はつくれますが、タイミングは遅れやすくなります。

▼ 左脇(右打者なら右脇)を適度に空ける

絞りすぎずに少しゆとりがあることで、左脇(右打者なら右脇)が適度に空く

その適度なゆとりが、左肘をヘソの前に持ってくるときのスイングスピードにつながる

　グリップの握り方ひとつでスイングも変わってくるということです。握りをもう少し深く考察すると、人さし指を立てて握る人がいます。両手の人もいれば、上の手の人さし指だけ立てる人がいます。バットのヘッドを走らせるためと、余計な力を抜くためです。

　私の場合も力の配分としては、下の３本の指でしっかり握る感じでした。特に中指と薬指の２本です。でも、手袋をせずに素手で握っていたため滑りやすかったので、小指も含めて５本の指をすべてバットにかけて握っていました。ミートの瞬間にしっかり押し込みたかったからです。素手で握ったのは「ゆとり」を持つためでした。

差し込まれたときなども、ギュッと握ったり、滑らせたりと、最後に微調整で勝負できる部分を残しておきたかったのです。

握り方によって変わるスイング

グリップに関しては好みや感覚の違いもありますし、正解はありません。ただ、握り方によって、スイングがどう変わるかは理解しておく必要があります。

例えば、長距離打者の中にはバットの遠心力をより生かすため、小指をグリップエンドから外す人がいます。でも、バットのヘッドが下がりやすいという弊害があります。小指1本分でもバットの先端の重みは違ってきますから、その欠点も表裏一体です。

ヘッドが下がりやすいということは、逆にトンカチのように上から振り下ろすパワーになるとも言えるのです。ただし、確実性は小さくなります。短く握ると操作はしやすいが、遠心力は使えない。メリットと背中合わせにいろいろなリスクがあるということです。

イチロー氏はバットを長く持って、グリップの先に右手の小指をかけるようにして握っていました。小指をかけることによってバットのヘッドを効かせる、要するに回りやすさを意識していたのだと思います。

天性の体の柔らかさを使いながらバットを体に巻きつけるようにしてスイングしてボールを「面」で捉える工夫をしていたように感じます。動きながらバットの面を変えずにボールの当たるポイントに自分の芯をずーっと持っていって捉える確率を上げながら、最後にポンと手首を返すことでヒットゾーンにボールを運んでいたわけです。

ただ、バットをあれだけ長く持つのにしっかりコントロールできるのは天性の柔らかさがあったからに他ならず、なかなかマネるこ

とはできない、ということはお伝えしておきたい点です。

POINT

☐ バットのグリップを指で握ることでズレを最小限に抑え、
　安定したスイングが可能になる

☐ 絞りすぎずに握ることで適度なゆとりが生まれ、
　スイングスピードが向上する

☐ 握り方は個々の好みや感覚に依存し、長距離打者や
　イチロー氏のような例外も存在する

CHAPTER_02　バットの選び方、握り方

COLUMN_02

レジェンドからの教え

すべての野球をさらけ出せ

　失敗から学ぶという意味では、広島の衣笠祥雄さんに言われた言葉が胸に残っています。チームを背負う選手としてすべてをさらけ出す勇気が必要だと教えられました。

「カケ、おまえはいいところだけを見せる選手ではない。三振する姿だとか、エラーする姿を見たい人もいる。すべての野球をさらけ出せよ」と。

　この言葉には大変勇気づけられました。

いいピッチャーであればあるほど、
ストライクで勝負してこない

　江夏豊さんの言葉からも、打者としての駆け引きを学びました。私は2ボール2ストライクからの勝負が好きでした。バッテリーが勝負を決めにくるカウントだからです。こちらとしても、4球見た後ですから、タイミングも計れて、決め球を仕留める準備はできています。決して打者有利なカウントではありませんが、五分五分の勝負ができるカウントというわけです。

　ところが、江夏さんは「その考え方では俺の球は打てない」と言うのです。「俺はそのカウントでボール球を投げるから」と。

「カケ、ボールは３つ投げてもいいんだ。確かにツーエンドツーの勝負が好きなのはわかるけれども、その５球目の１球というのは、いいピッチャーであればあるほど、ストライクで勝負してこないぞ。この１球のボール球は、意味のあるボール球を投げてくるピッチャーがこれから増えてくるから、そこを考えて勝負をしないとダメだぞ」と教えられたのです。

　打者が好きなところから、ボール１個外した絶対に振ってしまうコースに投げるというのです。私の考えの一枚上をいっているということを感じさせられた言葉でした。

CHAPTER_03

打席

CHAPTER_03 | 打席

8 構えとスタンス

構え方とスタンスは、リラックスした状態と適切な広さが重要です。呼吸法やスタンスの選び方について、具体的な方法を解説します。スタンスにはスクエアスタンス、オープンスタンス、クローズスタンスの3種類があり、それぞれに特徴があります。

構え方はリラックスが一番大切

プロの選手は「いかにリラックスした状態で構えるか」を意識して打席に入りますが、これはアマチュアでも少年野球でも一緒でしょう。

私もそうでしたが、打席に入る際に腕を回したり、体の各部をさわったりして、余分な力を抜くという選手が多いと思います。

これは、肩に力が入ることを防ぐ意味があります。肩に力が入ると、自分の思っているところに正確にバットをぶつけることができなくなります。

まずは一度、バットを上に掲げてみてください。そのままストンと落としたポイントがリラックスできる位置になります。

構える際には息遣いを意識してみてください。よくあるのが、すーっと息を吸ってしまうことですが、これだと逆に力が入ってしまうのです。また、吐き切ると、今度は力が入りません。

そのため、何分目の息遣いが自分にとって一番力が出せるのか、ということを意識してほしいのです。これは重要な点なのですが、最近の選手たちは取り組んでいないように見受けられます。

呼吸というのは大切で、呼吸が乱れるとスイングが安定せず、集中力も乱れます。自分のバッティングのリズムの中で本当によい呼吸をしていれば「静」の状態になり、パフォーマンスを発揮することができるようになるでしょう。

▼ 構え方

一度、バットを上に掲げる

そのままストンと落としたポイントがリラックスできる位置

スタンスは3種類

スタンスが極端に広すぎると構えは安定はするものの、足を上げ

たときにバランスが崩れてしまいます。そうなると踏み込みが弱くなるので体重移動は難しく、体も回りにくくなります。

　反対に極端に狭いと、踏み込みやすいのですが、下半身の力は入りません。ですから、程よい広さがおすすめです。

　自分の肩幅よりも半歩広いぐらいのスタンスを基本として考えてください。私の場合は、そのスタンス幅で軸足の位置から測って3足半ぐらいに踏み込んでいました。もちろん、体力や背の高さなど個人差がありますから、自分なりにベストのスタンス幅を見つけましょう。いつも素振りをする場所にテープで目印をつけて、体に覚え込ませてください。

　構えに関しては、クローズ、オープンもありますが、基本的には真っすぐに構えたほうがいいでしょう。なぜかというと、**野球は投げることも打つことも、前の肩が「レーダー」の役割をするからです。**

　オープンやクローズだと、肩の向きを常に一定にすることが難しくなります。レーダーの精度を高めるためには、常に投手に向かって真っすぐ立つ必要があるのですが、これが意外と難しいものです。私やイチロー氏が打席で構えるルーティンでバットの先を投手に向けていたのも真っすぐ立つためのものです。

▼ スタンスは3種類

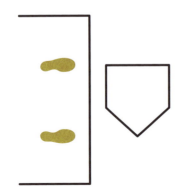

❶ スクエアスタンス
両足を真っすぐに構えホームベースに対して正面を向く。デメリットが少ない基本のスタンス

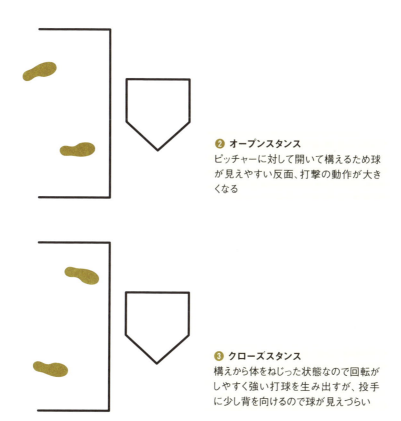

② **オープンスタンス**
ピッチャーに対して開いて構えるため球が見えやすい反面、打撃の動作が大きくなる

③ **クローズスタンス**
構えから体をねじった状態なので回転がしやすく強い打球を生み出すが、投手に少し背を向けるので球が見えづらい

日本の打者はオープンスタンスが多い

　日本の打者はホームプレートの近くに立つ傾向があります。私もそうでした。長くボールを見たいので、バッターボックスの一番後ろで、ホームプレートからボール2個から2個半ぐらい離れたところにスタンスを取っていました。内角もさばけて、外角の球も芯で捉えられる位置です。

　一方、メジャーの選手はかなり離れた場所に立って、クローズに踏み込んでいく打者が多いです。日本の打者はほとんどがスクエアかオープンなスタンスで、前の足は軸足よりホーム寄りには踏み込

みません。

　この違いはどこにあるのか。メジャーの選手は手足の長さと上体のパワーを利用した打ち方で、日本人打者は下半身のパワーを最大限に利用する打ち方だからです。

　下半身のパワーを生み出すためには、打撃用語でいうところの「割れ」が必要です。右打者で説明すると、右足のつけ根に上体とのねじれをつくり、パワーをためる感じで、弓を張る形をとりたいのです。

　ねじれのある状態を「割れ」というのですが、前の足をクローズに踏み込むと「割れ」を意識しにくいのです。日本人の打者は「割れ」と体重移動で遠くへ飛ばそうとします（「割れ」についてはCHAPTER_04で詳述します）。

　メジャーの選手の場合は「割れ」より、前の足の踏み込みの強さで勝負する感じです。阪神の同僚で1985年に３冠王になったランディ・バースも、ベースから離れて立ち、鋭く踏み込むタイプでした。

スタンスと踏み込みの日米の違い

　スタンスと踏み込みの日米の違いは、内角のストライクゾーンの差も影響しています。米球界は日本に比べて内角のストライクゾーンが狭いと言われています。日本ではストライクでもメジャーではボールとなります。だから思い切って、クローズに踏み込みやすいのです。日本に来た助っ人が内角攻めで苦労するのはそのためです。もともと外国人選手は手足が長く、体の近くのボールを苦手とする選手も多いですから。

　本来、内角の球への対処という点では、日本の打者のように軸足とスクエアかオープンに踏み込むほうがさばきやすいのです。日本のプロ野球で最高の打者の一人の落合博満さんの打ち方も典型的で

す。ベースの近くに立ち、オープンステップで、体は開かず、その
ねじれで逆方向に運ぶ打法でした。大谷翔平選手も、足の動きは小
さいですが、しっかり「割れ」はできています。

POINT

☐ 呼吸法を意識して力を抜くことでスイングが安定する

☐ 極端に広すぎたり狭すぎたりしない適度なスタンスが重要

☐ 日本の打者はオープンスタンスで下半身のパワーを重視

☐ メジャーの打者はクローズスタンスで上体のパワーを
　利用している

CHAPTER_03 | 打席

9 「ヘッドを立てろ」と 「ダウンスイング」の 本当の意味

従来から言われている「ヘッドを立てる」「ダウンスイングを心がける」といった指導は、打撃メカニズムの誤解を招くことがあります正しいスイングは、ヘッドを立てる感覚でなく「落とさず」、ダウンからレベル、アップの軌道でボールを捉えることです。

ヘッドを立てろ＝ヘッドを落とすな

　アマチュア野球の指導者がよく「バットのヘッドを立てろ」と教えることがあります。この言葉は打撃メカニズムを勘違いさせる可能性があります。

　物理的に考えて、バットのヘッドが上向きではボールを捉えるスイングはできません。「立てろ」というのは「落とすな」ということ。バットのヘッドが垂れるようでは、強い打球をはじき返せないので、立てるぐらいの感覚で振れということです。

「ボールをトップから最短距離で捉えるためダウンスイングにしろ」と教える指導者もいます。この言葉も意味を取り違えてしまうかもしれません。

　構えた位置からバットを下ろすときはダウンですが、そこからレベルになって、アップとなるのが正しいスイング軌道です。最後までダウン軌道では「腹切りスイング」となり、ゴロが多くなるし、

56

いわゆるドアスイングとなってしまいます。

▼「ヘッドを立てる」の誤解

❶ 物理的に考えて、バットのヘッドが上向きではボールを捉えるスイングはできない

❷ 構えた位置からバットを下ろすときはダウンだが、そこからレベルになって、アップとなるのが正しいスイング軌道

最短距離で捉えるにはバットのグリップエンドから

　もちろん、私の推奨する「レベルスイング」でも、トップの位置からバットは最短距離で出さないといけません。そのために意識していたのは「ダウン」というより、グリップエンドでボールを捉えにいくことです。

　ボールは両目で見て打ちますが、グリップエンドを第3の目として、ダウンスイングからボールを捉えるのです。そして、ボールが手元に入ってきたところで、バットの芯のところと入れ替えるというイメージです。そうすると、インサイドアウトのスイングとなって、バットが体に巻きつくような形のスイングができるのです。

▼ グリップエンドは「第3の目」

❶ グリップエンドを第3の目として、ダウンスイングからボールを捉える

❷ ボールが手元に入ってきたところで、バットの芯のところと入れ替えるというイメージ

❸ そうするとインサイドアウトのスイングとなって、バットが体に巻きつくような形のスイングができる

　ダメなスイングとしてバットが遠回りする「ドアスイング」という言葉があります。これはグリップエンドでなく、最初からヘッドで打ちにいこうとするのが原因です。
　ドアスイングになると、ボールの外側をたたいてしまいます。すると、ボールは上がらずに、引っかけたゴロになってしまいます。

　私の理想の形は、ボールが手元に来たときに、外側をたたくのではなく、内側にバットを入れるイメージです。そして難しい表現になりますが、バットをボールに巻きつける感じで自分のほうに持ってくるイメージです。ボールを内側からグッとつかみとる感じ。違う表現をすると、バットを内から入れて、ボールの外をたたくイメージなんです。

　だからといって手首を返して無理やり、外をたたくというわけでもありません。体の回転に従ってフォロースルーをとると、自然と手首が返るという感じです。なるべく手首を返さず、どちらかというと押し込むイメージです。手首は返そうとしなくても、ボールを

捉えた後に自然と返るので、あまり意識しないほうがいいでしょう。そのほうがフォロースルーも大きくとれますから。

形と呼吸

　私の現役時代は打席でのルーティンをよく物まねされましたが、先ほど説明したバットを握った右手を投手に向けることなど、実はすべて意味があるのです。

　右手を伸ばしたあと、バットを体の中央に持っていきますが、このときは目でバットと体の距離を確認しています。キャッチボールの際に説明した窓を拭くときに一番早く動く手の位置です。

　そして第3の目としてグリップでボールを見るために、後ろの肘（左打者なら右肘）をヘソの前にロスなく素早く持ってこなければなりません。そのためには腕の位置が近すぎても、離れすぎていても嫌なわけです。

　そして、バットと自分の体の軸を重ねるようなイメージをつくるわけです。そのときのバットを握る力加減としては、普段、傘を握るぐらいです。左手は手のひらよりも少し指先のほうで握り、後ろの右手は添える感じです。

　メジャーリーグのパワーヒッターは後ろの肘を外側に張って構えることも多いですが、パワーだけを求めるならそのほうが理にかなっています。後ろの肘をヘソの前まで持ってくる距離をつくることで、ヘッドスピードを上げることができるのです。ただし、私のように肘を絞って最短距離で行くよりは、ブレが大きくなるし、時間もかかります。

　ゴルフで飛距離だけを求めるドラコンの選手が、ツアー選手よりトップが深くなるのと一緒の理屈です。遠心力を使えば使うほど球

は飛ぶけど、タイミングを合わせるのが難しくなります。ましてや野球の場合は、向かってくるボールの勢いを逆に利用することができます。自分のパワーだけで飛ばすわけではありません。私のスイングは、強く打つより、速くバットを振るイメージでした。

ですから、**素振りとかティーバッティングなどの際には、ボールとバットが当たるときに「ハ～ッ」と息を吐くような形で振っていました。**これは力を入れるためでなく、抜くために息を吐いたわけです。インパクトの瞬間に「ウッ」と力を入れると強く打てるように思うかもしれませんが、実はバットのヘッドは走らないのです。

やり投げの選手を見て取り入れたこと

ただ、実際の試合ではインパクトの瞬間に息を吐くのは難しく、一瞬、息を止めるような感じです。力を抜くぐらいのイメージをつけたいので、あえて練習のときに大げさにやっていたのです。

これはオリンピックの投てき種目の選手たちを見ていて気づいたことです。やり投げの選手たちは「ウワーッ」と大声を出しながら投げるのを見て、なぜだろうと思ったわけです。実際に試してみると、そのほうが筋肉が伸びて体が大きく使えることがわかりました。だから打撃でも前の大きなスイングにつながると考えたわけです。

バッティングも深く追求すると形だけでなく、呼吸にまで意識が及ぶのです。私は構えに入る一瞬の呼吸をすごく大切にしていました。鼻から空気を吸って口から吐きます。**鼻から吸って、6分ぐらい息を口からすーっと吐いたときに肩の力がストーンと落ちて、グリップを握った両手がアゴの前ぐらいに収まるのです。そこが一番力が抜けて、構えやすいところなのです。**

だから腹筋もそんなに締めようとはしません。ヘソの下あたりに中心を感じて、体幹はしっかり安定させながらも、体の力は適度に

緩める感じです。

POINT

- ☐ ヘッドを「立てる」というのは「落とさない」感覚で振ること
- ☐ ダウンスイングは構えた位置からバットを下ろす動きだが、そこからレベルに戻しアップとなるのが正しいスイング
- ☐ 最後までダウン軌道だと「腹切りスイング」になり、ゴロが多くなる
- ☐ グリップエンドを第3の目として、ボールを捉える
- ☐ ドアスイングを避け、バットを内側に入れるイメージでスイングする
- ☐ 自然と手首が返るように体の回転に従ってフォロースルーをとる
- ☐ スイングの際に息を吐くことで力を抜く

CHAPTER_03　打席

CHAPTER_03 | 打席

10 バックスイング

バックスイングは投手の動きに合わせてタイミングを取り、弓を張るような姿勢をつくります。これによりパワーを蓄え、ボールを長く見ることができます。

トップで弓を張った位置に

　構えの次は、相手の投手の投球を待ちます。投手がボールを放った際に打者がやることは、打つためにバットを引く「バックスイング」です。

　バックスイングではタイミングを合わせていくわけですが、ここでのイメージは、投手が投球フォームのトップのときに合わせて、弓を張る感じです。投球フォームのトップというのは、投手が上げた足を下ろしたとき、ボールを持った手は、打者から見て一番遠い位置となります。その一瞬がトップです。

　投手のトップに合わせて打者もトップをつくらないといけません。最初の構え段階ではバットを握るグリップの位置を体の中心前方に置いておいて、始動のタイミングで後方に。**投手が球を持つ手がトップの位置に来たときに、こちらもトップをつくって弓をグッと張った形をつくりたいのです。**すると、パワーをためた状

態で、一番長くボールを見ることができるのです。

▼ バックスイング

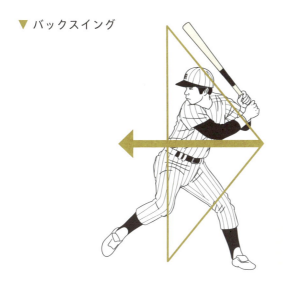

投手が投球フォームのトップのときに合わせて弓を張る

▼ 投手のトップに合わせて打者もトップをつくる

❶ 最初の構えた段階ではバットを握るグリップの位置を体の中心前方に置いておいて、始動のタイミングで後方に
❷ 投手が球を持つ手がトップの位置に来たときに、こちらもトップをつくって弓をグッと張った形をつくりたい
❸ すると、パワーをためた状態で、一番長くボールを見ることができる

私の場合、最初から後ろの肩のほうにバットを置いておくと、体が前に突っ込むような感覚がありました。それと、動き始めで肩に力が入る感じもありました。ふわ〜っとした感じで、タイミングを取りたかったのです。

　特に私は体が小さいほうでしたから、グリップを体の真ん中ぐらいに置いておいて、そこから目いっぱいに弓を張る感じにしたかったのです。打撃の用語で「ステイバック」という言葉があります。軸足に体重が乗った状態でグリップを後方に残して、前を踏み込んだ際に最大限のパワーにつなげる形です。この理想的なステイバックをつくるためにも、構えた際のグリップ位置は体の中心に置いていたのです。

ボールを両目で見る

　そして、グリップの位置はもうひとつ理由があります。ボールをなるべく両目で見るためです。

　ボールをしっかり見るには、本当は正面を向いて見るのが一番いいのです。でもそうすると、体をひねって強くボールをたたく体勢になったときに目線がぶれてしまいます。**なるべくズレの少ない形でとなると、最初の構えではバットを体の真ん中の位置において、体が少しでも正面を向きやすくしたのです。**

　左肩のほうにグリップを置いておくと、右の肩が知らないうちに内側に入りすぎていることがあります。

64

▼ ボールをなるべく両目で見る

❶ ボールをしっかり見るには、本当は正面を向いて見るのが一番いい
❷ しかしそうすると、体をひねって強くボールをたたく体勢になったときに目線がぶれてしまう
❸ なるべくズレの少ない形でとなると、最初の構えではバットを体の真ん中の位置に置いて、体が少しでも正面を向きやすくした

　意外と投手に対して同じ角度で立つというのは難しいものです。私の場合はそれを防ぐ意味もあって、構えに入る前にバットを立てた右手を投手のほうに向けていました。イチロー氏が打席に入って、バットの先端を投手のほうに向けていたルーティンも同じ意味があるはずです。

バットの芯にうまく当てるには

　基本的にはグリップの位置からバットの芯までの距離が短ければ短いほど、芯に当たる確率が高くなります。目とボールの位置も近くなるのですから。
　極端な話、芯に当てるだけならバントのように短く持って当てればいいのです。でも、それだと球の勢いに負けて、内野の頭を越す打球は打てません。だから球威に負けないためには、ある程度の長

さを持って遠心力を使う必要があります。

▼ バントはバットに当てやすい

芯に当てるだけならバントのように短く
持って当てればいい

　当たり前の話ですが、バットにボールを当てるためにはボールをよく見る、ということが必要です。目とバットの芯の距離が近ければ近いほど、ボールがバットの芯に当たりやすくなります。

　逆に、長くなればなるほど目とボールの距離も遠くなるため、当たる確率は減少します。こうした意味でも、**動きがある変化球に対応するためには、気持ち短く持ったほうがいいと私は考えています**。

　これも普段の練習で培う感覚です。どれぐらい短く持てば、いちばんミートしやすく、振り抜きやすいか。練習で緩いボールを打って、自分に適したミートポイント、握りを探す練習をすればいいのです。

　不利なカウントに追い込まれたときや、ストレートの速い投手に

対して、多少は飛距離が落ちても、ミート重視で短く持つという判断もありでしょう。私の場合は普段練習している握りを変えたくはありませんでしたが、指半分ほど短く持つだけでもスイングは違ってくると思います。

POINT

- ☐ 投手の投球フォームのトップに合わせてバックスイングを始める
- ☐ 弓を張るようにトップをつくり、パワーを蓄える
- ☐ 構えた段階でグリップは体の中心に置く
- ☐ グリップの位置を体の中心に置くことで、両目でボールをしっかり見る
- ☐ 目からバットの芯までの距離が短いほど、芯に当たる確率が高い
- ☐ 変化球に対応するためには、短く持つことでミートしやすくなる

CHAPTER_03 | 打席

11 前に踏み込むステップの幅

前に踏み込むステップの幅は体形や年齢によって異なります。若い選手は広いステップで安定感があるものの、腰の回転が遅くなりがちです。始動を早めるツーステップや、体の動きと静止の「間」を意識することも重要です。

広いほうが軸は安定するが、腰の回転は遅くなる

　前に踏み込むステップの幅に関しては人それぞれ、体形や年齢によっても変わってきます。一般的には若いときは下半身の粘り強さがあるので、広いステップでも体がうまく回転します。広いほうが軸は安定しますが、蹴り返しの幅が広くなる分、腰の回転は遅くなります。

　例えばヤクルトの村上宗隆選手は大きなステップで踏み込みますが、まさに若さあふれるスイングです。王貞治さんも年々、狭くなっていきました。自分の体に応じた最適のステップ幅を見つければいいと思います。

　私の場合は、構えたときが肩幅より少し広い3足分ぐらい。そこから、さらに1足分ぐらい踏み込む感じでした。若いときはもっと大きなステップでした。細かい修正は年々ありましたし、シーズン中にも微修正はします。ツーステップにすることもありました。いったん右足のつま先をつけて、さらに踏み込むという形です。

このツーステップは始動を早めるのが目的でした。軸足に体重を乗せながら、トップの形を早くつくりたかったのです。半分、ステップはしているので、後はバットを出すだけという感じです。

▼ 前の足と後ろの足で蹴り合って回転している

構えたときが肩幅より少し広い3足分ぐらい

テイクバック

スタンス時より1足分、踏み込む

半分、ステップはしているので、後はバットを出すだけという感じ

始動はちょっと早めのほうがいい

打者のタイミングで始動が早い、遅いというのがあります。自分のタイミングで振れない打者というのは、だいたい始動が遅くなっています。投手のフォームに合わせてタイミングを取るのですが、合わせすぎると忙しいスイングになってしまいます。

ゆったりとテークバックをとって、自分のタイミングで振るには、始動はちょっと早めのほうがいいのです。「さぁいらっしゃい」という感じでトップをつくり、ボールを長く見てスイングしたいわけです。最後は「前」で勝負するのですが、「後ろ」をしっかりつくりなさいよということです。

でも、始動が早ければ早いほどいいというわけではありません。トップの形を早くつくりすぎると、体が固まって力みが生じてしまうのです。バッティングというのは、ある程度は体が動きながら、トップで「フッ」と止まる一瞬の「間」が大事。長く止まりすぎてもダメだということです。

この「動」から「静」、「静」から「動」というトップの形をつくるために、いろいろなタイミングの取り方を工夫していきます。私のツーステップもそのひとつと言えます。各打者は大小あれど、固まらないために、打席の中で絶えず体のどこかを動かしているのです。

ヒッチも有効な手段

そういう意味ではヒッチというのも有効な手段です。あまり大きいとタイミングがずれやすくなりますが、小さなヒッチというのはむしろ必要です。弓を張る状態をつくりやすくなると思います。

ヒッチの代表例で言えば巨人の丸佳浩選手がそうです。右足を上げる際にグリップを大きく下げてタイミングを取ります。丸はその

ヒッチが大きいので、体調などの変化でズレはどうしても出やすくなります。調子の波が激しいのはそのためです。上半身は動きやすいのですが、下半身の粘りがないときは、上体に頼りすぎた打撃になってしまいます。

▼ ヒッチも有効

右足を上げる際にグリップを大きく下げてタイミングを取る

POINT

- [ ] 若い選手は広いステップで体が回転しやすいが、腰の回転が遅くなる傾向がある
- [ ] 始動を早めるために、右足のつま先をつけてからさらに踏み込む
- [ ] 軸足に体重を乗せながらトップの形を早くつくる
- [ ] 自分のタイミングで振るためには、始動を少し早めにすることが有効
- [ ] トップの形を早くつくりすぎると、体が固まり力みが生じる
- [ ] 体が動きながらトップで一瞬「フッ」と止まる「間」が重要

CHAPTER_03 | 打席

12 体重移動の奥義

私の打撃法は右足を強く踏み込むことで鋭い回転を生み、体の開きを抑えた強打が可能になります。体重移動と腰の使い方が重要で、正しい体重配分と踏み込みが打撃におけるパワーの源となります。

踏み込む右足の軸を大切にする

　私の構えは体重配分を投手側の右足に6、軸足の左足に4の割合でまず立ちます。最初から軸足のほうに体重をかける選手が多いのですが、私の場合は逆でした。
　これは、踏み込む右足の軸を大切にしたかったからです。最初に体重をしっかり受け止める形を意識したかったのです。前から後ろの足に体重を戻して、再び前に踏み込む感じです。

　これは体の小さい右投左打の私が遠くへ打球を飛ばすために、最大限に右サイドの力を発揮するための準備でした。**ホームランを打つためには、前に踏み込む力というのがとても大事だったのです。**
　右足の踏み込みが強ければ、蹴り返す力が強くなり、鋭い軸回転につながります。強く踏み込みながらも体が前に突っ込まず、ブレーキをかける感じでパワーを受け止めて蹴り返すことで、鋭く腰を切ることができるのです。

▼ 遠くへ打球を飛ばすために

構えは体重配分を投手側の右足に6、軸足の左足に4の割合でまず立つ

前から後ろの足に体重を戻して、再び前に踏み込む

右足の踏み込みが強ければ、蹴り返す力が強くなり、鋭い軸回転につながる

強く踏み込みながらも体が前に突っ込まず、ブレーキをかける感じでパワーを受け止めて蹴り返すことで、鋭く腰を切ることができる

そのときに、イメージとしては一瞬、ボールを止める感じです。右足を踏み込んで、後ろから前にそのまま体が突っ込めば、ボールと衝突する感じとなり、向かってくる球の体感速度は上がります。右足でグッとしっかり受け止めて、頭の位置が戻ることで、大げさに言えばスローモーションのように球を感じるようになるのです。

右足と左足の体重配分は構えの６・４から、弓を張る感じでボールを呼び込む際に０・10となり、そこから今度は10・０となる感じで踏み込むのです。そこで蹴り返して、ミートの瞬間は７・３ぐらい。この一瞬の間が大切となるのです。

POINT

- ☐ 右足を強く踏み込むことで鋭い回転を生み、強打が可能になる
- ☐ 構えの体重配分は右足6：左足4の割合（左打者の場合）
- ☐ 強い右足の踏み込みが蹴り返す力を強め、鋭い軸回転につながる
- ☐ 踏み込みながらもブレーキをかけてパワーを受け止め、鋭く腰を切る
- ☐ ボールを一瞬止める感覚を持つ

Column_03

恐怖心との戦い

必ず選手の目を見ていた

　我々の時代というのは、今の打者以上にボールに対する恐怖心がありました。肘当てなどプロテクターを装着していませんでしたし、危険球というルールもありませんでした。そのうえ相手ベンチからは「アタマを狙え」なんて声が聞こえてきましたから。疑心暗鬼で打席に立っていたら、本当に狙ってくるのだから、たまったものではありません。

　昔はヘルメットの耳当てがついただけでも安心感がありました。1970年の田淵さんの頭部死球が導入のきっかけになったのですが、それまでは耳当てなしのヘルメットでした。今は耳当てどころかフェースガードをつけている打者もいますし、内角に対する恐怖心というのは全然違うと思います。

　体に向かってくる球への備えという意味では昔のほうが大切でしたし、私の場合は必ず投手の目を見ました。腕を振って球を離すときの目線でどこを狙っているのかわかりますから。

　そういう意味では、意図しない抜け球が多い投手は怖いのです。目線はアウトローでもボールは体に向かってくるときがあるのですから。

　わざと目線を外す投手もやっかいです。元巨人でメジャーリーグでも活躍した岡島秀樹氏などは「あっち向いてホイ」ですから、やりづらい投手でした。

　私が対戦した中では阪急の山口高志さんもそうでした。球史に残る豪腕投手ですが、目線が合わないのです。その球威だけでなくフォームでも打者を恐怖に陥れる投手でした。

CHAPTER_04

レベルスイングの極意

CHAPTER_04 | レベルスイングの極意

13 すべてはレベルスイングからはじまる

センター返しを基本にすることで、前の肩の向きで打球方向が決まります。レベルスイングにより打撃の精度が高まり、ボールを強く捉えられます。最初はセンター返しから始め、打球方向を広げる練習が重要です。

基本はセンター返し

　打球方向は前の肩の向きで決まります。左打者の私の場合、引っ張りたければ右肩が開いて右を向き、流したければ左に向きます。一番簡単なのが前の肩を投手のほうに向けてスイングするセンター返しです。センター返しには無駄な動きがいらないのです。
　つまり、センター返し以外はすべて応用か、タイミングがずれて左右に飛んでいるだけということです。**練習でうまくセンター返しができないようでは、試合で引っ張ることも流すこともできるわけがありません。**

　ですから、私の場合はキャンプでもシーズン中の練習でもセンター返しを基本として打ち分ける練習をしていました。
　最初はボールをしっかり呼び込んでレフトへはじき返します。次にセンターへ、その後にライトに引っ張り、最後はサク越えを狙います。レフト、センター、ライト、スタンドと扇を広げるように打っ

ていくのです。

　これはある程度、実績を残してからで、１軍に出始めの頃は練習でもセンター返し中心でした。何かで読んだ王貞治さんの日記でも「センターバックスクリーンに放り込むのが基本だ」と書いていましたから。あれだけ右翼席に放り込んだ人がライトではなくセンターというのだから説得力があります。

レベルスイングの確率が高い理由

　投手の投げ込むボールに、タイミングを取って、打つべきボールを見極めて振る。
「打撃」を簡潔に表現するとそういうことです。そして、打つべきボールを一番確率高く捉えられるのが、腰、肩、膝のラインを地面と平行に回すレベルスイングです。

　私は右投げ左打ちだったので、利き腕で力が強い右腕のリードを大切にしていました。利き腕でバットを操作できる右投げ左打ちの打者は、一般的にバットコントロールに優れていると言われています。実際、ミート打法の巧打者が多くいます。
　ただ、私はホームランを求められる立場でした。甲子園を本拠地にする４番打者として、どういうスイングが必要なのか。ライト方向に引っ張ると、逆風となる甲子園名物の浜風に押し戻されてしまいます。浜風に乗せて逆方向に飛ばすには、左サイドの押し込みがすごく大切でした。そのためには、なおさら体をレベルに回さないと、ボールを強く押し込めなかったのです。

「レベルスイング」といっても、もちろん単純に地面と平行に振るわけではありません。スイング軌道で説明すると、インパクトゾーンではレベル（地面と平行）になりますが、最初はダウンから始まります。構えた位置からヘッドの重みを利用しながら打ち下ろしま

79

す。それと同時に体をレベルに回すことでスイング軌道もレベルに入っていくわけです。

インパクトでボールを捉えたあとは自然とアッパーの要素も入ります。ときに外角低めのボールを捉えるときなどは、当然、後ろの肩が下がらないとボールにアジャストできないのですから。レベルスイングの応用で、体の角度が変わると考えてください。

レベルスイングが確率が高いのは、来るボールを線で捉えられるので、ヒッティングポイントが長くなるからです。少しぐらい差し込まれても、泳がされても、大丈夫というわけです。

それが、アッパーやダウンスイングだと、スイング軌道の中でボールを捉えるのは点になるので、強く捉える確率が低くなるのです。

▼ レベルスイングの軌道

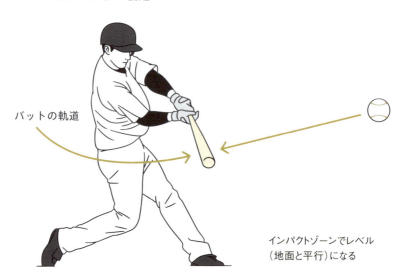

▼ レベルスイングとアッパースイングの確率の違い

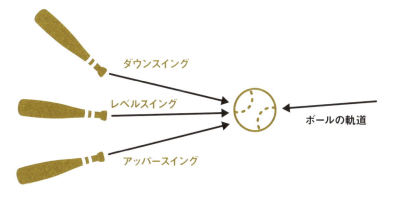

① ややアッパー気味のスイングのミートポイントは点になる
② レベルスイングはバットの芯に当たる確率が一番

▼ レベルスイングの打撃フォーム

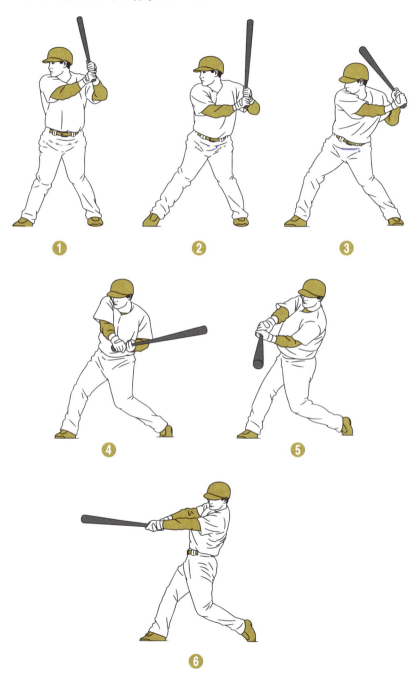

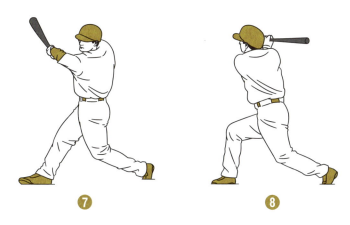

❶〜❸ 最初はダウンから始まる。構えた位置からヘッドの重みを利用しながら打ち下ろす
❹〜❻ それと同時に体をレベルに回すことでスイング軌道もレベルに入っていく

POINT

- [ ] 打球方向は前の肩の向きで決まり、センター返しが基本
- [ ] センター返しができないと引っ張りや流し打ちは難しい
- [ ] 地面と平行に回すレベルスイングがミート確率を高める
- [ ] スイングは最初にダウンから始まり、インパクトゾーンでレベルに
- [ ] ボールを長く見て強く捉えるためには、レベルスイングが有効
- [ ] レベルスイングはアッパースイングやダウンスイングよりも、安定したヒッティングポイントを確保できる

CHAPTER_04 | レベルスイングの極意

14 フライボール革命の落とし穴

「フライボール革命」はメジャーリーグでのアッパー気味のスイング理論で、打球角度を上げてヒット確率を高める狙いがありますが、質の高いストレートには対応し切れない可能性があります。特にスーパーマン級の選手に適した理論で、一般の選手は安易にマネしないほうがいいとされています。

メジャーでアッパー気味のスイングが多い理由

　近年、メジャーリーグでアッパー気味のスイングで打球に角度をつける打撃理論が推奨されました。「フライボール革命」という言葉が日本でももてはやされています。打球速度が158キロ以上なら、26〜30度くらいの打球角度の「バレルゾーン」と言われる領域が

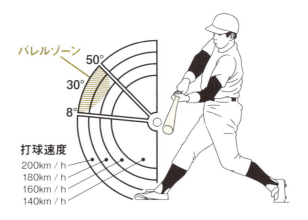

84

一番ヒットになる確率が高いというデータに基づいたものです。

　なぜメジャーリーガーがこの理論に飛びついたかと言うと、球種や配球、守備隊形も含めた打者封じに対応するためです。近代野球では各打者の打球方向を分析して極端なシフトを敷くチームが増えました。

　例えば、大谷選手の打席なら一、二塁間に内野手が３人守るというものです。シフトを破るには、守備陣の頭を越える打球を打てばいいというわけです（余談ですが、メジャーでは2023年から極端なシフトが禁止される新ルールができましたので、また違う打撃理論が出てくるかもしれませんね）。

　メジャーでアッパー気味のスイングが多いのは、MLBの投手の球種の傾向に対応するためでもあります。MLBの先発投手は中４日での登板が基本のため、球数は100球ほどで交代します。だから、なるべく少ない球で打者を抑えていきたいわけです。究極の理想は27球で27個のアウトを取ることでしょう。その大きな武器となるのがツーシームだとか、小さな変化でバットの芯を外す低めの変化球です。

打者と投手のいたちごっこ

　私と同い年の江川卓氏と野球談義した際、MLBの投球傾向について興味深いことを話していました。

　昭和の怪物と言われ、巨人のエースだった江川氏は81球で27個のアウトを取りたい投手でした。つまり、バットにボールを当てさせない球を放ることを目指していたと言います。

　でも、今のメジャーの投手たちは三振を奪うより、初球でゴロを打たせてアウトに取りたがる。そういうバットの芯を外す小さく変化するボールに対応するために生まれたのが、アッパー気味にスイ

85

ングするフライボール革命というわけです。

　ところが、江川氏の分析ではMLBの一流どころの投手は質のいいスピンの効いたストレート、つまりフォーシームを投げはじめていると言います。アッパー気味なスイングでは本当に速いストレートは捉えられませんから。

　つまり、**その時代、その時代によって流行のスイング、流行の球種というのがあるのです。**これは打者と投手のいたちごっこのようなものです。

結果を残せるのは、メジャーでも一握りのスーパーマン

　確かに低めのツーシームをレベルスイングでホームランにするのは難しいかもしれません。大谷選手のようにややアッパー気味のスイングのほうがそういう球を遠くへ運ぶことはできるでしょう。

　しかし、トータルで考えるとどうでしょうか。やはりバットの芯に当てる一番確率の高い打ち方がレベルスイングです。実際、メジャーリーグでは近年、三振の数が大きく増えているようです。

　また、大谷選手のようにスーパーアスリートのように鍛え上げられた肉体でないと、引力に逆らうアッパー気味の振りでスイングスピードは上がりません。

　フライボール革命で結果を残せるのは、メジャーでも一握りのスーパーマンのような選手だけでしょう。少年野球はもちろん、強豪校の高校、大学生でも安易にマネしないほうがいい特殊な打ち方と言えます。

POINT

- [ ] フライボール革命とは、アッパー気味のスイングで打球角度を上げ、ヒット確率を高める理論
- [ ] アッパー気味のスイングは低めの変化球には有効だが、高速ストレートには弱い
- [ ] レベルスイングのほうがバットの芯でボールを捉えやすく、ヒッティングポイントが長くなるため安定する
- [ ] メジャーリーグでは三振が増加しており、レベルスイングのほうがミートの確率が高い

CHAPTER_04　レベルスイングの極意

CHAPTER_04 | レベルスイングの極意

15 レベルスイングでもボールはしっかり上がっていく

レベルスイングでボールを上げるためのコツを紹介します。ホームランを打つためのスイング理論と、個人に合った適材適所の打撃スタイルを身につけてください。

甲子園で逆方向にホームランを打つために

　私も現役時代、ホームランを打つため、ボールを上げるための打球角度というのは気にしていました。そのために取り入れたのがスポンジのボールを打つ室内での練習でした。打球角度が30度ぐらいでぶつかるところに幕を張って、投げてもらったスポンジボールを打ち返す、というものです。当時は今のように詳細なデータとか動作解析の機器はありませんが、肌で感じて取り入れた練習です。

　私は右投げ左打ちでしたが、左打者に不利な浜風が吹く甲子園球場を本拠地にしてホームランを打たないといけない宿命を背負わされていました。ホームランを増やすにはライトからレフト方向へと吹く風とケンカはできません。

　そこで、私が目指したのは左中間に一番強い打球が飛ぶスイングです。普通の左打者なら右中間への理想の打球を追求するのですが、本拠地・甲子園で逆方向にホームランを打つためのスイングをつく

りあげたのです。

　話は少しそれますが、私は田淵さんがトレードとなって、周囲からホームランを求められる打者となりました。33歳で引退しましたが、打率3割、20本塁打の打撃で許される立場なら体の負担も少なく、もっと長く野球を続けられたかもしれません。利き腕の押し込みより、リードを優先する右打左打の打者は本来、本物のホームラン打者ではないのです。プロ野球最多の通算868本塁打の王さんも、3位の567本塁打の門田さんも左投左打です。

個人の武器を生かした適材適所が求められる

　右投左打でシーズン50本塁打を記録したのは松井秀喜氏だけ。私も最高で48本、金本知憲氏も40本が最高でした。そういう意味では右投左打で2021年にメジャーの本塁打王争いを演じた大谷選手は異次元の怪物です。そして、2022年に56本塁打で3冠王に輝いた村上宗隆選手も新しい時代のバケモノです。右投左打は、どちらかというと中距離からアベレージタイプなのですから。

　日米通算4367安打のとてつもない記録を残したイチロー氏だってそうです。彼もホームランを狙えばもっと打てたはずです。しかし、人並み外れたスピードとか、自分の野球のスタイルを考えたときに、シーズン30本のホームランを狙うより、200本以上のヒットを狙ったほうが確実に成功すると思ったのでしょう。

　野球というスポーツは全員がホームラン打者を目指せばいいというものではありません。個人の武器を生かした適材適所が求められるのです。個人として野球人生の大局観もあります。3割を5年打つのと、40本塁打を5年打つのでは、どっちが大変か。私のように小さい体で後者の選択をすると、体がボロボロになってしまうのです。

89

ボールの真ん中よりやや下にバットを入れる

　話を戻します。スポンジボールを使った練習で打球スピンをかけることを意識していた私は、普段の打撃練習でも打球角度を気にしていました。

　ボールにグラウンドの土をつけるような打球は一切打ちませんでした。通常はワンバウンドで打ち返すトスバッティングでもハーフライナーを心掛けました。ボールにスピンをかけて、キャッチボールの返球のように相手の胸に打ち返す感じです。そのときに意識していたのが、ボールの真ん中より、やや下にレベル軌道でバットを入れることでした。

▼ バットはボールの少し下に入れる

バットの上でボールを
こするイメージ

▼ レベルスイングでボールを飛ばすコツ

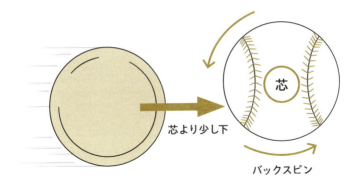

❶ ボールにスピンをかけて、キャッチボールの返球のように相手の胸に打ち返すイメージ
❷ そのときに意識するのが、ボールの真ん中より、やや下にレベル軌道でバットを入れること

　もともとレベルスイングの基本は、入団2年目に打撃コーチに就任した山内一弘さんにたたき込まれたものでした。山内さんは熱心な指導ぶりが有名な人で、「かっぱえびせん」の異名を持っていました。「やめられない、とまらない」のキャッチコピーでおなじみだったスナック菓子にちなんだものです。

　私がよくやらされた練習が、体の正面からトスを上げられて、バットの両面で払うように左右に打つティー打撃でした。膝、腰、肩をレベルに使う軸回転を反復練習で覚えさせられました。

　グラウンドだけでなく、合宿所でも指導は止まりません。一人で寮の屋上で素振りをしていると、終わる頃を見計らって、現れるのです。そして、ゴルフクラブを2本、上下に30センチぐらいの幅で突き出して、「この間をバットが抜けるようにスイングしろ」と言うのです。これは体がレベルに使えないと、そのゾーンにバットは入っていきません。まさにアッパーでもダウンでもない、レベルスイングが求められたのです。

速く投げることと、遠くへ飛ばすスイングの共通点

高校時代、私たちの時代はエースで４番が普通でしたが、現代は投げることに秀でた選手は投手専念といった時代になりました。昔は野球の一番上手な選手が投手をやって、中軸を打つのが当然だったのです。速いボールを投げられるということは、下半身の切れが抜群なわけですから。ましてや金属バットではなく、木のバットの時代でしたから、余計に下半身をはじめ、全身をうまく使わないといけなかったのです。

振り返ってみれば、球史に残る打者で高校時代にエースだった人がたくさんいます。王貞治さんも、イチロー氏もそうです。やっぱり、打つことと、投げることは、体重移動とか体の使い方で共通点が多いのです。

今の時代でも投手と打者の二刀流をメジャーで成功させている大谷選手のようなスーパーマンがいます。**彼のスイングは一見、アッパー気味に見えますが、体の使い方は私が推奨するレベルスイングと同じです。**

ボールを捉えるまでは肩、腰のラインは地面と平行に回っていますし、スイング軌道もインパクトまでは水平に入っています。アッパー軌道になるのはボールを捉えてからです。

通常のレベルスイングよりアッパーの度合いが強いスイングです。頭を後ろに残した独特の大きなフォロースルーが特徴です。彼のスイングはレベルスイングの高い次元での応用と言えるでしょう。「レベルアッパー」の究極のスイングです。桁違いのスピードとパワーを兼ね備えているからこそ可能なスイングで、普通の人はなかなかマネできません。

▼ 大谷選手のスイングはレベルアッパー

©Getty Images

©Getty Images

　大谷選手がホームランを打ったときのスイングは、まるで武士の「居合抜き」のようです。打たれた投手はバットの出所がわからないのではないでしょうか。構えからインパクトまで、バットがスパッと出てきて、まったく無駄な動きがないのです。
　ただ、後ろが小さいかと言うと、そんなことはありません。構え

で、グリップの位置は体から遠くに置いています。そこから左肘を並外れたスピードでヘソの前に持ってくることで、スイングスピードを上げているのです。あまりにも速く、無駄もないので、後ろが小さなスイングに見えるのです。

　当然のことですが、大谷選手も左肘をヘソの前に持ってくるときは、バットが上から下へというダウンの動きになります。彼の場合は普通の打者より早くレベルの軌道に入り、ボールを捉えたあとに下半身で跳ね上げるようなアッパー軌道になります。このときの下半身の動かし方は投手と同じです。

　お尻を入れ替える感じといえばいいでしょうか。投げることも、打つことも、両足の蹴り上げる力で、素早くお尻を入れ替えることで、軸回転のパワーが生まれるのです。

　阪神の佐藤輝明もタイプ的には「レベルアッパー」です。ですが、大谷選手ほどのヘッドスピードがないので、特に高めのストレートに振り遅れてしまいます。それと踏み込む力が違います。大谷選手は軸足に体重が残っているように見えますが、強く踏み込んだ後の蹴り返しです。だからバットのヘッドが下がらない力強いスイングになるのです。

POINT

- [ ] 現代は投手は投手専念の時代だが、
　　エースで4番を務める選手が多かった
- [ ] 体重移動や下半身の使い方が両者に共通している

CHAPTER_04 | レベルスイングの極意

16 インパクト時の力をつくる打撃の「割れ」

打撃の「割れ」とは、前の足がステップした際に後ろの手を引き、軸足にパワーをためる体の形を指します。前に突っ込まず後ろに残ることでボールを呼び込む技術です。この技術を使うことで、スイングの鋭さを増し、インパクト時の力を効果的に伝えることができます。

前の足がステップしたときに後ろの手を引いた状態をつくる

　打撃用語で「割れ」という言葉があります。「割れをつくりなさい」と指導者が教えることがありますが、どういうことなのか、疑問に感じる人もいるかもしれません。

　簡単に説明すると、**打撃の「割れ」とは、前の足がステップしたときに後ろの手を引いた状態をつくる**ことです。軸足のつけ根にパワーをためながら、弓をグッと張った体の形です。

　野球用語の英語「ステイバック」というのも同じ意味合いです。前に突っ込まず、後ろに残した形でボールを呼び込みなさいということです。

　私の場合は弓を張った形から、まず踏み込んだ足にグッと体重を乗せて、そこから蹴り返します。すると腕は前、顔は後ろに戻るという形になります。ボールと衝突せずに、顔が遠ざかっていくことで、スピードを相殺させたかったのです。

インパクトの瞬間は軸足で回転しているように見えるかもしれませんが、実際には前の足と後ろの足で蹴り合って回転しているのです。回転というより、イメージ的には左右のお尻の入れ替えと言ったほうがいいかもしれません。この入れ替えが速ければ速いほど、スイングは鋭くなるのです。

▼ 右足と左足の体重配分

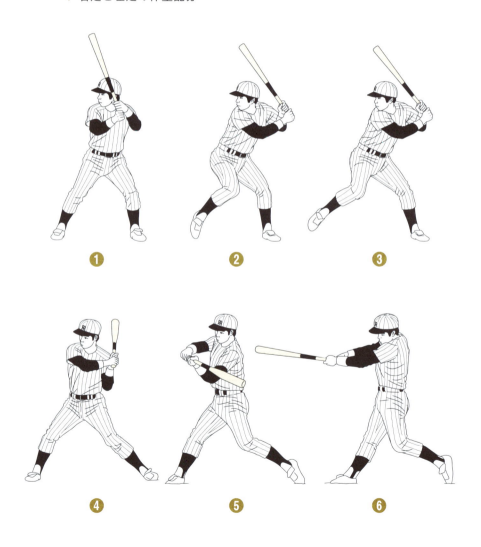

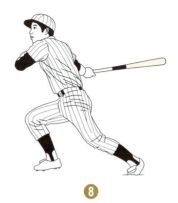

❼　　　　　　　　　　❽

❶〜❸ 弓を張った形から、まず踏み込んだ足にグッと体重を乗せて、そこから蹴り返す
❹ すると腕は前、顔は後ろに戻るという形になる
❺〜❽ インパクトは、軸足で回転するというよりは、前の足と後ろの足で蹴り合っており、回転というより、イメージ的には左右のお尻の入れ替え。この入れ替えが速ければ速いほど、スイングは鋭くなる

CHAPTER_04　レベルスイングの極意

POINT

- [ ] 打撃の「割れ」は、前の足がステップした際に後ろの手を引いた状態をつくる
- [ ] 「割れ」は軸足にパワーをためる体の形。英語では「ステイバック」とも言う
- [ ] 弓を張った形から踏み込んだ足に体重を乗せ、そこから蹴り返す
- [ ] 顔が後ろに戻ることでスピードを相殺し、スイングの鋭さを増す
- [ ] インパクトの瞬間、前の足と後ろの足で蹴り合い、左右のお尻の入れ替えによってスイングが鋭くなる

CHAPTER_04 | レベルスイングの極意

17 体の「開き」を抑える

打席で体の「開き」を抑えることは、バッティングの重要な要素です。特に前足の踏み込みが重要で、これによって強い回転力が生まれ、タイミングが崩れたときでも強打が可能になります。

いかに胸を相手に見せないかが勝負

　前の足を強く踏み込むことで、前の肩が開くことも抑えられます。これは投手も打者も共通の真理ですが、いかに胸を相手に見せないかが勝負となるのです。左打の打者なら、できるだけ投手に最後まで右肩を向けたままでいたいのです。

　少年野球でも「体を開かない」というのはセオリーですが、それは「前の肩を投手にしっかり向けたままでいなさい」ということです。**極限まで我慢して軸を回転することで強いパワーが生まれるのです。**

　いきなり胸を見せたらダメということです。胸が見えるということは、グリップも前に出されて、グリップエンドでボールを見るというインサイドアウトのスイングができなくなります。

　これは変化球を打つコツでもあります。タイミングを崩されて、体は前に出ながらも、前の足でグッと体重を受け止めて、体の開き

を我慢。バットのヘッドを残したままでいることで、泳がされながらでも強いスイングでヒットを打つことができるのです。

▼ いかに胸を相手に見せないかが勝負となる

左打の打者なら、できるだけ投手に最後まで右肩を向けたままでいたい

胸が見えるということは、グリップも前に出されて、グリップエンドでボールを見るというインサイドアウトのスイングができなくなる

極限まで我慢して軸を回転することで強いパワーが生まれる

胸を相手に見せないで、バットを体に巻きつけるようにして出していくのがポイントとなる

ボンズ型の軸足スイングの勘違い

　つまり、軸足に体重を乗せたままのスイングでは、変化球にタイミングをずらされた場合に体の開きを抑えられず、うまく対応できないということです。

100

先ほどから説明しているように、体の回転というのは前の足の蹴り返しによって生まれます。最初から最後まで軸足に体重を乗せたままでは回転できません。

　打つことと投げることは一緒と説明しましたが、例えば、右投げの人が右足に体重を残したままでは、遠くへボールを投げられません。前の足の踏み込みで、体重移動があって初めて強いボールが投げられるのです。

　バッティングも一緒です。とんでもない怪物級のパワーがあれば軸足一本のスイングでも遠くへ飛ばすことができるかもしれません。でも**私の現役時代のように、体重80キロもない打者が100メートルも先にボールを運ぶには、強い踏み込みによる強い回転が必要だったのです。**

　軸足回転の打撃を推奨する人のよりどころは、メジャーで歴代最多の762本塁打を誇るバリー・ボンズ氏の打撃フォームかもしれません。左打ちのボンズ氏は、左の軸足に体重を乗せたまクルッと回転しているように見えるのです。

　しかし、分解写真でよく見ると、一瞬、右の足を踏み込んでいるのです。それが、あまりにも回転が速いので軸足一本で打っているように見えてしまうのです。

CHAPTER_04　レベルスイングの極意

▼ バリー・ボンズ氏のスイング

ⒸGetty Images

❶ 一瞬、右の足を踏み込んでいる
❷ あまりにも回転が速いので軸足一本で打っているように見えてしまう

POINT

- [ ] 投手側の右足に体重を6、軸足の左足に4の割合で立つ
- [ ] 右足を強く踏み込むことで、体重移動と軸回転を効率よく行う
- [ ] 前から後ろの足に体重を戻し、再び前に踏み込む
- [ ] 右足の踏み込みが強いほど、蹴り返しによる鋭い軸回転が実現する
- [ ] 前の足で体重を受け止め、前の肩が開かないようにする
- [ ] 胸を相手に見せないことで、インサイドアウトのスイングができる
- [ ] 軸足に体重を残したままだと変化球に対応できない
- [ ] 強い回転を生むためには、前の足の踏み込みが必要

CHAPTER_04 ｜ レベルスイングの極意

18 インパクトゾーンの「壁」

打撃において、逆方向に強く打つためには、インパクトゾーンでボールを左腕で捉える感覚が重要です。体の位置に応じてインパクトポイントは移動します。流し打ちやセンター返しを意識することで、バットのヘッドが自然に振り出され、タイミングよく打球が方向に飛ぶようになります。

体の位置と一定に動く線を大切にする

　ボンズ氏の軸足理論で補足すれば、広角に打つためには、軸足側に力感が残っていたほうがいいのも事実です。私は踏み込む側の右サイドの力を大切にしていましたが、一方で「ボール1個分」の左サイドのパワーも重要視していました。

　イメージで説明すると、甲子園でホームランを求められる前の私のスイングは、インパクトの瞬間に右腕でボールをつかみ取る感じでした。でも、左翼方向に吹く浜風に打球を乗せるためには、インパクトの瞬間に左腕でボールをつかむポイントで打たないといけないとわかったのです。

　つまり、本当はもっと前のほうのポイントでさばいたほうが楽に打てるのですが、逆方向に強く打つためにボール一個分、中に入れたのです。

　内角でも外角でも左手でボールを捕るというイメージは変わりま

せん。だから**私のポイントというのは、内角だから前、外角だから後ろの斜めの線ではないのです。外角、内角のポイントを結ぶと横一直線になるのです。変化球で体が前に出れば、その線も前に出る**ので、ベースに対して一定ではなく、体の位置と一定に動く線です。落合さんと打撃論をかわしたとき、このイメージは共通でした。このラインより後ろで捉えた球はファウルで逃げるしかないのです。

▼ 一般的なインパクトの位置と甲子園の4番打者のインパクトの位置

【 ヒットになる確率の高いインパクト位置 】

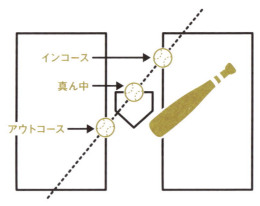

【 左翼方向に飛ばす場合（変化球は直線のまま前へ）】

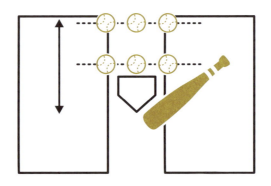

▼ 体の位置と一定に動く線

逆方向に強く打つためにボール一個分、中に入れた

外角、内角のポイントを結ぶと横一直線になる

変化球で体が前に出れば、その線も前に出るので、ベースに対して一定ではなく、体の位置と一定に動く線

CHAPTER_04 レベルスイングの極意

流し打ちは自然にできる

　私は逆方向の左翼にも多くのホームランを打ちこんだので、流し打ちのアドバイスを求められることがよくあります。ただ、私自身は流し打つとか、引っ張るとかでスイングを変える意識はなかったのです。バットのヘッドが体に巻きつくように出てくれば、外角の球は自然と反対方向に飛んでいくからです。

　流すとか流さないというのではなく、投手に向かって打ち返す気持ちでバットを振る。すると、それがタイミングによって左右にぶれるのです。だから流し打ちができるようになるには、ドアスイングではなく、バットのヘッドが扇を開くような使い方を身につけることです。

　また、センター返しを狙っていれば、タイミングが合った紙一重のファウルは後方のバックネットのほうに飛びます。一塁や三塁方向に飛ぶファウルというのはタイミングがずれている証拠です。

　特に反対方向に飛ぶファウルは完全な振り遅れ。左打者が三塁方向、右打者が一塁方向に飛ぶのはおかしいのです。不利なカウントでカットしてファウルするのならわかりますが、基本的に打者というのは90度のダイヤモンドに打球を飛ばそうとしています。まずはセンター返しを心掛けることです。

▼ 流し打ちのコツ

CHAPTER_04　レベルスイングの極意

107

❶ バットのヘッドが体に巻きつくように出てくれば、外角の球は自然と反対方向に飛んでいく

❷ 流し打ちができるようになるには、ドアスイングではなく、バットのヘッドが扇を開くような使い方を身につけること

POINT

- [ ] 逆方向に強く打つには、インパクトの瞬間に左腕でボールをつかむ感覚が必要

- [ ] バットのヘッドが体に巻きつくように出てくることで、外角の球が自然に逆方向に飛ぶ

- [ ] 外角と内角のポイントは横一直線で、体の位置に応じてラインが移動する

CHAPTER_04　レベルスイングの極意

COLUMN_04

王さんとイチロー氏の打法

王貞治さんの「一本足打法」

　タイミングの取り方は人それぞれで、正解というものはありません。投手の球種の流行などに左右され、時代によっても変わってきます。

　例えばプロ野球記録の868本塁打の金字塔を打ち立てた王貞治さんの一本足打法は、今のプロ野球では見ることがありません。

　王さんには失礼な表現になるかもしれませんが、天才的に不器用だからこそ極められた「打法」と言えます。

　打者は始動を早くして、立ち遅れないことが求められますが、王さんはそのタイミングを取るのが難しかったのでしょう。早めにトップの位置をつくるため、前の足を上げた体勢で待ったのです。

　ここで間違ってはいけないのが、完全な左足体重から右足をヒョイと上げたわけでないということです。いったん、前の足に体重をかけ、反動をつけて足を上げていたはずです。その作業は私たち普通の打者と共通の動きで、ここを省いてはバランスよく後ろの足で立てないはずです。

　王さんの一本足は、大人が押しても動かなかったと聞きます。人並み外れた努力で完成させたフォームですが、デメリットも多く、普通の人がマネすると間違いなく確実性は落ちます。

　考えてみてください。一本の足で立つということは当然、バランス

は悪くなります。前の足を着地するときに体も突っ込みやすいです。

　ダイナミックに体を動かす分、低めの小さな変化球に対応しづらくなるのです。今のようにスプリットやツーシームなどのストレート系の小さな変化球が主流の時代では、どうしても捉える確率は低くなってしまいます。フォームにしても今は2段モーションや超クイックモーション、逆に球を長く持ったりと、あらゆることを駆使します。だからこそ、軸をずらされないために、ノーステップ打法やすり足打法を取り入れる選手が多いのです。

　王さんも現役晩年はフォークボールや対戦投手の球種が増えたこともあり、足の上げ方は全盛期より小さくなっていました。足を上げて待つ時間が短いか長いかだけで、当時のホームラン打者は田淵幸一さんも、門田博光さんも高く前の足を上げてタイミングを取っていました。

　私もフォームの一瞬だけを写真で切り取れば一本足のような形で足を上げています。体重移動のパワーを最大限に生かすためです。王さんの場合は一本足の時間が極端に長かったからこそ、「一本足打法」や「フラミンゴ打法」と呼ばれたのです。その時代が生んだスーパースター、打撃フォームと言えます。

イチロー氏の「振り子打法」

　一番多くホームランを打った王さんが「一本足打法」なら、日米通算4367安打のイチロー氏の場合は「振り子打法」で有名になりました。

　イチロー氏の振り子打法は、右足を軸足の左足よりも後ろに振り上げる独特のフォームです。これも王さんの一本足打法の理屈と似ています。できるだけ軸足に体重を乗せたまま、トップを早くつくり、ボールを呼び込むためです。

でも、アメリカに渡ってからは、年々オーソドックスなフォームに変わっていきました。振り子では本当に速いストレートに振り遅れてしまいますし、手元で動くボールや、さまざまな投球フォームにタイミングを取りづらかったはずです。

　メジャーの投手は日本の投手のように「1、2の3」のリズムではなく、「の」がなかったり、短い投手が多いのです。だからイチロー氏も振り子の「の」の部分を省いていったのです。ただし、「の」はなくしても「の」の大切さはわかっているわけです。周りから見ると「1、2、3」のタイミングで打っているように見えても、意識の中に「の」があるかどうかで、打撃フォームの質は大きく変わります。

　今は日本でもいろいろなタイミングで投げる投手がいますし、平均球速も上がってきていますから、オリックス時代のイチロー氏のようなフォームは難しいと思います。時代によって打撃理論は変わってくるということです。

　変化球にしても我々の時代は横の変化が主流でしたが、今は縦の変化です。だからこそ、フライボール革命という言葉が生まれ、アッパー気味のスイングがもてはやされるようになるのです。これはこれでアリですが、イチロー氏が振り子をやめても「の」を大事にしたように、まずは基本のレベルスイングを身につけてからの応用となることを忘れてはいけません。

CHAPTER_05

球待ち

CHAPTER_05 | 球待ち

19 ストライク、ボールの見極めとなる空間認識能力

打者がストライク、ボールを見極めるためには、空間認識能力が鍵です。ボールの進行方向や変化を見抜くために、ホームプレート前に仮想ストライクゾーンを設定し、内外角や変化球に対応します。素振りでは足の裏の体重移動を意識し、タイミングとスイングを磨くことが重要です。

手前6メートルで、振るべきコースか判別する

　打者はいかにボール球を見逃し、ストライクゾーンの球だけを振ることができるか。バッティングで大事なのはタイミングとともに「見極め」です。そして見極める際に必要なのが空間認識能力です。

　球審がストライク、ボールの判定をするのはホームプレートを通過するときですが、当然、打者はもっと前に見極めないといけません。**投球板からホームプレートまでの距離は18.44メートルですが、私のイメージだとその3分の2の手前6メートルで、振るべきコースか判別する感じです。**その位置に額のようなものを設定するのです。そこに入ってきたボールがストライクゾーンの球になります。

114

▼ 手前6メートルで、振るべきコースか判別する

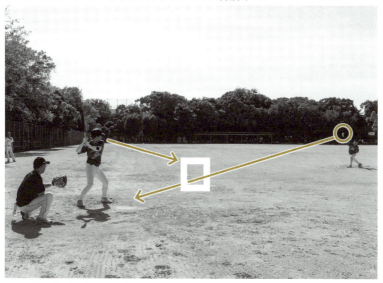

手前6メートルに額のようなものを設定する

　ただし、やっかいなのがフォークボールのような球です。6メートル先のゾーンに入っていたのに、手元でストーンと落ちて、想定より低いところに来るので空振りになってしまうのです。最近、流行のツーシームやスプリットなど、ストレート系の小さな変化の球も見極めが難しいのはそのためです。

　変化球だけではなく、江川卓氏や藤川球児氏のような超一流の投手はストレートでも打者の空間認識を幻惑させます。本来、ストライクゾーンに来るはずの球が、ホップする感じで高めのボールゾーンに来て振らされてしまうのです。
　つまり、プロでお金を稼げる投手は打者が打つと判断するゾーンにボールを通過させてから、落としたり、伸びたりさせてくるのです。

仮想ストライクゾーンで狙いを定める

　私が６メートルほど先に設定した仮想ストライクゾーンは、捕手寄りに近づけられれば、見極める力も高くなります。たまにとんでもないワンバウンドの変化球を振る打者がいますが、それは振ると判断する仮想ゾーンが前すぎるのです。**３割打者になるにはホームから近いところまで、仮想ゾーンを引きつけないといけません。**

　細かく言えば、右投手と左投手では角度が違いますから、仮想ゾーンの見方も違ってきます。

　私の場合は左投手と対戦するときは、右の肩を少しだけ開いていました。何ミリかの世界で、見ている人にはわからないレベルの差です。左のサイドスローの変則投手には、もっと開きます。背中側かる来るようなボールに対して、仮想ストライクゾーンの角度を合わせるためです。

　この仮想ゾーンの時点でコースを分割して、狙い球を意識する作業も行います。

　例えば、左投手でシュートがある場合は内角高めを注意しないといけません。踏み込んだときに逃げられないと、ケガにつながりますから。

　一番やっかいなそのゾーンをケアしながら、真ん中やや外めのストレートを左中間に運ぶイメージを持つわけです。私の場合、右投手のときは、そこまで内角を意識することはありませんでした。腕の出所を含めて角度的に長く見られる分、対応する余裕があったからです。ですから、普段の素振りで基本となるホームベースの真ん中やや外に照準を合わせ、あとは応用でした。

　うまく応用するには、基本のスイングをどれだけ質の高いものにできるかが大切です。打撃というのは本質的に受け身です。投手のタイミング、コース、球種に対応しないといけないのですから。だ

116

からこそ、練習では自分本位のタイミングで触れる「素振り」で形を磨いてほしいのです。

素振りほど最高の練習はない

ティー打撃とか、マシン打撃の打ち込みももちろん大事です。でも、やっぱりボールを打つとなると微妙な変化やタイミングのズレがあります。

自分のバッティングを固めていく段階では、自分本位のスイングができる素振りほど最高の練習はないと思います。そして、素振りの際に体の細部の感覚を磨いていくのです。

足の裏の話を少し前にしましたが、素振りで足の裏の体重移動を感じてほしいのです。足の裏の体重移動というのは本当にすごく大切です。

私は素振りするときに、地下足袋のような底の薄い靴を履いていました。裸足でやるのもいいのですが、足の皮がむけたりしますから。特に私たちは遠征先の駐車場のようなところで振るケースが多かったので。その中で足の裏の感覚を感じておきたいので、素振り専用の地下足袋のようなシューズを履いていたのです。

足の裏の、指先の粘りなど、いろいろなものを感じてスイングしていました。踏み込んだ右足の裏では、親指側から小指側にスムーズな体重移動が起きます。最後は親指側がめくれあがってもいいのですが、できるだけ踏ん張るイメージです。早くめくれてしまうようではダメで、粘りながらの体重移動が大事です。

軸足のほうもそうです。テイクバックしたときに、つま先側にあまり体重を乗せていると腰が前に出てしまいます。逆にかかとすぎると軸が後ろに倒れる感じになってしまいます。そうなると、前に

説明したように意識する部分が親指のつけ根だと我慢できないのです。つけ根より少し真ん中付近がベストとなるのです。

　ステップする前の足の角度としては、少しつま先側が開く感じに入ったほうが体は自然と回りやすくなります。つま先側を閉じてロックする感じで踏み出すと、スムーズなレベル回転のスイングは難しくなります。

POINT

- □ 打者は投球板から6メートル手前で仮想ストライクゾーンを設定し、そこで判別する
- □ 仮想ゾーンは捕手寄りに近づけることで見極め力が向上する
- □ 右投手と左投手では仮想ゾーンの見方が異なる
- □ 左投手には肩を少し開き、変則投手にはより多く開く
- □ 素振りで足の裏の体重移動を感じることが大切

CHAPTER_05 | 球待ち

20 好調時こそ球の見極めを大事に

好調時でもボールを見極めることが大切です。プロの打者はインパクト時にボールが完全に見えているわけではありません。調子がよいときに過信せず、ボール球に手を出さないことがスイングのバランスを保つ秘訣です。適切な球種を待ち、見極めることで、調子を維持し続けることができます。

ボールを見すぎると振り遅れる

　6メートル先の仮想ストライクゾーンの続きです。
　実はインパクトの瞬間にはプロの打者でも、アバウトにしかボールは見えていません。アマチュアの指導者がよく使う「ボールを最後まで見て打ちなさい」の教えは意識づけのため。アゴが上がったり、打つ前に顔がスタンドのほうに向いたりすることを戒めるためには有効です。ただ、ボールを最後まで見ることを意識しすぎると振り遅れにつながる可能性があります。

　確かに私も絶好調時にはスローモーションのように球がゆっくり見えるときはありました。「打撃の神様」と呼ばれた川上哲治さんが「ボールが止まって見えた」と語ったのは有名ですが、私もその感覚を何度も経験しました。
　いわゆる「ゾーン」というものに入っていたのでしょう。まるでボールのほうから「打ってください」と言っているように近づいて

119

くるのです。インパクトの瞬間まではっきり見え、バットのしなり
も感じますし、どこに打ち返せばいいかのヒットゾーンまでしっか
りわかります。

　ただ、こういう絶好調なときに大切なのは「過信」しないこと。
どんな球でも打てる感覚となり、多少のボール球でも振ってしまい
がちです。**打者はストライクゾーンだけを振っていれば調子が崩れ
にくいのです**が、**ボール球に手を出し始めるとスイングのバランス
が崩れてきます**。だからこそ、投手はボール球を振らすため、いろ
いろ撒き餌をしてくるのです。
　一方で打者は、「いつか調子は落ちてくるし、調子がいいうちに
打ちたい」という思いがあるので、撒き餌に食いついてしまいます。
その結果、調子の下降線に入るのが早まるのです。

　好調時に打ちたい欲を我慢できるのが一流の打者です。王貞治さ
んはまさにその代表例です。868本塁打（歴代2位は野村克也さん
の657本）とともに、2390四球（歴代2位は落合博満さんの1475）
という数字も誰も抜くことができないもの。打撃において、打つべ
き球の「見極め」というのは一番難しい作業かもしれません。

何を待つ

　死球をよける心構えは、球種の絞り方にもかかわってきます。私
は打席の中で基本的に真っすぐを待ちます。打ち返すためだけでな
く、頭に向かってきた球にいち早く反応するためでもあるのです。
　真っすぐのタイミングで待って、変化球に対応するのです。そも
そも私の中で変化球を打つためのスイングというものはありません
でした。カーブもフォークも打ち方はストレートと同じ。変化球は
遅いストレートという感じで、その球筋をイメージしてストレート
のときと同じようにバットを入れるだけです。

ただし、相手投手のストレートの速さや、特徴によって、変化球待ちのタイミングを取るときもあります。

　例えば西武で「左殺し」として活躍したサイド左腕の永射保さんが大洋ホエールズに移籍してきて対戦したときがそうでした。そのときはカーブしか待っていませんでした。カーブのタイミングで待って、ストレートは全部ファウルで逃げられるという確信があったからです。向こうも狙われているのはわかったでしょうが、他に打ち取れる球はなく、苦し紛れに投げてきたカーブを完璧に右翼席へ運びました。

フォークボールの待ち方

　あとは一級品のフォークを決め球とする投手に対しては「ストレートが3つ来たらゴメンなさい」という感じでフォークボールを待つことがあります。
　私の現役時代なら1980年代に大洋のエースとして活躍した遠藤一彦さんと対戦するときがそうでした。
　対戦経験はありませんが、大魔神こと佐々木主浩氏のようにストレートかフォークかという投手と対戦していたら、フォーク待ちでカウントを整えて勝負にいったと思います。3球続けて真っすぐなら「ゴメンなさい」という感じで、必ず投げてくるフォークを待つのです。

　フォークというのは特殊な球です。6メートル手前の仮想ストライクゾーンを通過するときはストレートに見えます。カーブやスライダーのようにひねる球でないので腕の振りはストレートと同じ。一番、やっかいなのは、ストライクゾーンから低めのボール球になることです。

121

ストライクゾーンのフォークはバットで捉えることが可能ですが、遠藤さんのようにストライクゾーンからストンと消えるようなフォークはストレート待ちでは見送るのが難しくなります。

ボールになるフォークに手を出さないためには、最初からフォークの球筋をイメージして待つしかありません。江川卓氏に言わせると、フォークは「打者に依存する球」です。打者が見送れば、7、8割はボールになるという意味です。ストライクゾーンの甘いフォークだけスイングして、ボールになるフォークを見極めることができれば、自然と打者有利のカウントで勝負することができるようになるのです。

今はフォークより球速の速いスプリットを投げる投手が多くなりましたが、打者にとってはなおさらストレートとの見極めが難しい球となります。それに対応しようとミートポイントを遅らせると、自分の打撃を見失ってしまう可能性があります。

▼ フォークボールの待ち方

❶ 6メートル手前の仮想ストライクゾーンを通過するときはストレートに見える
❷ 最初からフォークの球筋をイメージして待つことで対処する

POINT

- [ ] ボールを最後まで見ることは重要だが、意識しすぎると振り遅れの原因になる

- [ ] ボール球に手を出すとスイングのバランスが崩れやすい

- [ ] 基本的にはストレートを待ち、変化球には同じタイミングで対応する

- [ ] フォークやスプリットなどの変化球は球筋をイメージして待つことが重要

- [ ] ストレートと見分けにくい変化球には、最初からその球種を想定して待つ

CHAPTER_05　球待ち

CHAPTER_05 | 球待ち

21 ストレートに振り遅れないための対応

ストレートに振り遅れないように、ミートポイントを近づけると、ホームランは難しくなります。速いストレートには、バットを短く持ち、鋭い軸回転で対応することが有効です。変化球の見極めと打撃力のバランスが求められる中、カウント別の対応と冷静な判断が打者にとって必要です。

ポイントを近づけてもフライボール革命にはならない

　スプリットやツーシームなど、近年は速く、小さく曲がる球が増えています。ミートポイントをできるだけホーム寄りにして球を見極めようと、アッパー軌道のスイングの打者が増えました。でも、ここに落とし穴があります。
　球を引きつけるといっても、越えさせてはいけない一線があるのです。ヤクルトの青木宣親（のりちか）選手と打撃談義になったとき、「ポイントを近づけて遠くにフライを打つのは無理です」と言っていました。

　ゴルフにたとえて説明すると、一番遠くに飛ばすドライバーのボール位置は真ん中より前となります。短いクラブになるほど、球の位置が後ろになるのです。だから、**ミートポイントを後ろにすると、変化球の見極めはできてもホームランは増えないということです**。そして当然、速いストレートに振り遅れてしまうスイングになります。

▼ ミートポイントを後ろにするとホームランが打てない

❶ 一番遠くに飛ばすドライバーの
ボール位置は真ん中より前になる

❷ 短いクラブになるほど、球の位置が
後ろになる

フォロースルーで大切なこと

　近年は佐々木朗希投手ら160キロのストレートを投げる投手が現れました。こういう投手が相手では、普段通りのタイミング、スイングでは振り遅れてしまいます。特に、２ストライク後はバットに当てることを最優先にした対応が求められます。

　では、どうするか。一番簡単なのはバットを短く握ることです。そして、腕をたたんだまま、体を速く回転させるのです。腕力でバットを速く振ろうと思うと、ドアスイングとなり、本物のストレートは捉えることはできません。

　4回転アクセルに挑戦したフィギュアスケートの羽生結弦氏のジャンプをイメージしてください。両手を胸の前に持ってきて、素

早い軸回転につなげています。

　打撃もイメージは同じです。**バットを短く持って、鋭い軸回転で速いストレートに対応すればいいのです**。ただ、私の場合は4番打者としてバットを短く持つことはプライドが許しませんでした。その分、いつもより腕を短くたたむことで、相手に弱みを見せることなく小さなスイングを心掛けていました。

　腕をたたんだ小さなスイングでも回転は鋭いので、ボールにいい角度をつければ本塁打になる飛距離は出ます。そもそも普段のスイングでもインパクトの瞬間は両肘は伸びていません。イラストで見ると両肘を伸ばした大きなフォロースルーで飛ばしているように見えますが、ボールを捉えた後に伸ばしているだけです。これも打撃の誤解を生むことがあります。

　「遠くに飛ばすために、腕が一番伸びるところでボールを捉えなさい」と教える指導者がいます。実際にはボールを捉えた後の一押しで腕を伸ばすと、大きなフォロースルーにつながるのです。

▼ いいスイングとは

❶ いいスイングを写真で見ると両肘を伸ばした大きなフォロースルーで飛ばしているように見えるが、ボールを捉えたあとに伸ばしているだけ

❷ ボールを捉えた後の一押しで腕を伸ばすと、大きなフォロースルーにつながる

変化球待ち

　追い込まれるまでは球種を絞って待つこともできますが、２スト
ライク以降は基本的にストレートを待ちながらの変化球対応です。
ですが、投手より技術、力量がひとつ上の場合は、２ストライク以
降も変化球待ちでストレートをファウルするという待ち方もできま
す。この投手のストレートの速さなら空振りはないと確信がある場
合です。

　ただし、ストレートの球速は大したことがなくても、変化球より
は絶対に速いので、タイミング的には差し込まれます。ストレート
が来たときにはコンパクトに、腕を縮めて振る必要があります。腕
を体から離さないことで、素早い体の回転が可能となるのです。先
述したように、フィギュアスケートの選手が回転するときに両腕を
胸の前に置くのと一緒のことです。腕をたたむことで体が速く回転
できるのです。

　**コンパクトに振るには、肩からバットの先までを一本のバットと
して使える感覚が必要です。バットの長さは一定なので、腕をたた
んだり、伸ばしたりすることで調整するのです。この感覚はトス
バッティングで磨くことができます。**

カウント別の待ち方

　打者心理として一番難しいのは、フルカウントです。ボール球を
見逃せば四球で、ストライクを見送れば三振。その状況で冷静に打
席に立つため、私はフルカウントでもカウント２―２ぐらいの気持
ちで打席に立っていました。

　絶対にストライクを投げてくると思い込むと、３ボールまで見極
めることができたボール球にまで手を出してしまいます。どんなカ

127

ウントであっても、投手は投げミスをする可能性があることを常に頭に入れておかなければいけません。

　ボール先行の3-0、3-1、2-1、2-0、1-0は甘いコースに来る確率が高いので強いスイングができる準備をしておきましょう。そのときもストライクを投げてくるとは思い込まず、狙い球をしっかり絞って、その1球を必ず仕留めるという集中力を高めることです。**狙い球でないときも目で捉えた瞬間に体が反応すれば、素直に従うべきです。反応で強いスイングができるのは調子のいい証拠です。**

　気をつけなければいけないのは、狙い球と違う球に反応して当てるようなスイングをしてしまうこと。せっかくの打者有利なカウントで、追い込まれたカウントの状態のような窮屈なスイングはもったいないです。
　打者有利のカウントでタイミングが合わなかったり、厳しいコースならストライクでも見逃す勇気が必要です。打者はストライク3つを取られるまでは勝負できるのですから。

　初球はやや打者有利です。狙い球をしっかり絞って打ちにいきましょう。野球というのは打者が7割近く失敗するスポーツなので、有利なカウントぐらいは余裕を持って対処するべきです。
　先ほども書きましたが、狙い球と違っても反応で強いスイングをできるなら構いません。でも、反応で球に合わせるようなスイングになるときは、わざと空振りするとか、意図的にファウルにすることです。スイングを途中で止められないときは無理にフェアゾーンに入れることはせず、次の勝負にかけたほうが得策です。

　1-1、2-2の平行カウントは微妙に違います。力と力の本当に五分の勝負となるのは、1-1のときです。私の現役時代は2-2からが勝負と思っていましたが、今は縦の変化球を投げてくる投手が増えており、投手有利のカウントになりました。ストライクゾーン

128

からボールになる落ちる球に注意を払いながらの待ち方になるからです。

　投手、打者ともに余裕があるのが1-1というカウント。打者は甘い球を確実に仕留め、ボール球は見逃すことができるかどうか。ボール球で誘うことも多いカウントなので、しっかり見極めたいところです。そうすれば打者有利なカウントに持ち込めますが、1ボール2ストライクとなれば圧倒的に打者不利となってしまいます。

POINT

☐ ミートポイントを後ろにすると、変化球の見極めはできてもホームランが増えない

☐ 腕を体に近づけて回転を速くすることで、速いストレートにも対応することが可能になる

☐ 基本的に2ストライク以降はストレートを待ちつつ変化球に対応する

☐ 長打になるときはボールを捉えた後に腕を伸ばしているだけで、腕が一番伸びる位置で捉えているわけではない

☐ トスバッティングでバットと腕が一体となる感覚を磨くことで、スイングの調整ができるようになる

CHAPTER_05 | 球待ち

22 コース別の対処法

バットを体に巻きつけて内角も外角も対応するためには、コース別の対処法を理解することが大切です。特に内角は手前にラインがあるため、振り遅れない心構えが必要です。また、ど真ん中の球も見逃さず、失投を確実に仕留めることが打者には求められます。

ホームベース上の斜めのライン

　流し打ちの説明でも触れましたが、バットが遠回りせず、体に巻きつくように出てくれば内角も外角も自然と対処できます。
　構えた際にホームベース上に斜めのラインがあるとイメージしてください。内角が投手寄りで外角が捕手寄りの点を結ぶラインです。このラインより捕手側でバットとボールが交差すればファウルや空振りになります。投手と打者の対決は、このラインを破るか、破られないかの勝負でもあるのです。
　そう考えると、一番難しいのが内角の対処です。破られてはいけないラインが最も手前にあるので、対処するには振り遅れない心構えがいります。

▼ 各コースの対処法

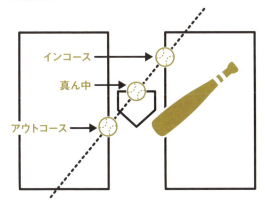

❶ 斜めのラインより捕手側でバットとボールが交差すればファウルや空振りになる
❷ 投手と打者の対決は、ホームベース上の斜めのラインを破るか、破られないかの勝負

ど真ん中は意外と難しい

　打者心理の影響で、ど真ん中というのも意外と難しいものです。特に不利なカウントでは、まさか甘いコースに来ると思っていないので、手が出ないときがあるのです。

　見ている人は「何でど真ん中の球を見逃すのか」と不思議に思うかもしれませんが、普段は厳しいマークを受ける好打者ほどその傾向があるかもしれません。

　2010年、当時のプロ野球のシーズン最多安打記録を塗り替えた阪神のマット・マートンも、実はコース別の打率で真ん中の数字が低かったのです。外角は逆らわずに反対方向、内角は引っ張って打つイメージを持っているときに、想定外のど真ん中に来たときにイメージが湧かなかったのだと思います。

　でも、基本的には打者がいい当たりを打つのは真ん中付近の甘いボールです。ストライクコースのギリギリに決められた球はなかな

か打てません。大事なのは失投を逃さず仕留めること。失投が来るチャンスがあるのに、初球の難しい球を無理に打ちにいく必要はないのです。

通算567本塁打の門田博光さんも、「俺たちは投手の勝負球、ウイニングショットを待って仕留めることがあるけど、一番いい打者というのは失投をキャッチャーミットに入れないこと」と語っていました。難しい球を打てても、失投を見逃しているようでは打率3割はクリアできないのです。

内角打ちの極意

プロで結果を残すためには、内角の速い球を打てるようにならなければなりません。「インコースは前でさばけ」という教えもありますが、それでは打てません。インコースは体の近くでさばくものです。

近年のプロ野球選手で内角打ちの名手といえば、巨人の坂本勇人選手です。彼がどうやって内角を打つかというと、前の脇を開けて、肘をぬくようなスイングです。前にも説明したように、脇は開けていいのです。開ける勇気が大切なのです。

私も若い頃にコーチの山内一弘さんに、「脇は開けてから締めるもの」と教わりました。最初から脇を締めていたら、腕は自由に動きません。だから左打者だと、右脇の余裕を持つということが大事なのです。ランディ・バースもそうでした。**脇を開けたスイングで、内角、外角と自由にボールに対応をすることができていたわけ**です。

これも「投げること」と同じです。投手は前の肘を打者のほうに向け、脇を開けながら、それをたたむことで後ろの腕をバランスよく振ることができるのです。打つときもガバッと脇を開けすぎてい

132

るのもダメですが、適度に開けておかないといけないのです。

▼ 脇を開ける勇気（バースの打法）

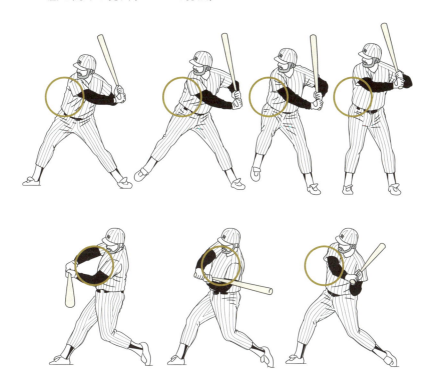

前の脇を開けて、肘を抜くようなスイングが理想。脇は開けていい、開ける勇気が大切

走者の状況で考える

　私の場合だと２アウト以外で走者が三塁にいるときは最低でも犠牲フライと考えています。外野にフライを打つ確率を上げるには反対方向にスライス回転の打球を打ち返すことです。そのためにはバットのヘッドを一瞬遅らせるような感覚でボールにコンタクトし

ていました。

　ランナーが二塁や一、二塁のときは、試合状況にもよりますが、一、二塁間を破るゴロをイメージします。応用編のスイングになりますが、意図的にドアスイングをします。普段は体に巻きつくように出すバットのヘッドを早くほどいて、遠回りのスイングにするのです。こういう感覚は2人1組で行うトスバッティングで、バットの角度を覚えていけばいいでしょう。

データのない投手との対戦

　データが少ない投手に対して私は、真っすぐを待って変化球対応という基本的なバッティングをします。変化球は崩れながら対応できるので、その投手の一番速いストレートにタイミングを合わせるのです。

　それともうひとつ大事なのは、危険なボールに対する心構えです。我々の時代は危険球というルールがなく、エルボーガードなども装着していなかったので、より一層恐怖心との戦いでもあったのです。危険回避から入るのは落合博満さんも共通する考え方でしたが、実は右打者と左打者では野球のルール上、対処の仕方が変わってきます。右打者の落合さんの場合は内角の球に対して体を開きながら、右方向に押し込む打撃が特徴でした。ですが、これは時計と反対回り、一塁方向に走り出すからできる打撃です。左打者が体を開いて、三塁方向に押し込めば、一塁方向に走り出せません。

　それもあって左打者というのは内角への対応が難しく、頭に当たったり、死球で骨折するケースが多いのです。体を開いて打てる右打者のほうがボールを見やすく、よけやすいのです。

　特に危険なのは左打者が左投手に対する打席です。勝負球が外に逃げるスライダーになる場合が多く、体が開いてはバットが届きません。そして、その逃げる球を意識するとインハイへの対応が遅く

なり、打つだけでなく、よけるのも難しくなります。左投手でシュートがあるとさらにやっかいです。それもあって野球では右対右よりも、左対左の対決が重視されるのです。

　私の場合は左投手と対戦するとき、少し右肩を開いて構えていました。周りから見ても気づかないようなわずかな違いですが、自分の感覚の問題です。そうすることで左投手の逃げていく変化球に対応しやすくするのです。私の現役時代、ヤクルトに梶間健一という左キラーの変則左腕がいたのですが、その梶間さんのカーブが普通の角度では見えない、お尻のほうから曲がってくるのです。梶間さんのカーブに対応するためにはどうすればいいか考え、少し右肩を開くと見えるようになったのです。

　そして左投手に対しては少しタイミングも早く取りました。これも危険回避のためです。いつでも打ちにいけるタイミングというのは、いつでも逃げられるということです。無駄な動作を省き、ノーステップで待つぐらいの感覚のときもあります。

POINT

☐ バットが体に巻きつくように出てくれば、
　内角も外角も自然に対応できる

☐ ホームベース上に斜めのラインをイメージし、そのラインより
　捕手側でバットとボールが交差するとファウルや空振りになる

☐ 内角のラインが最も手前にあり、振り遅れない心構えが必要

CHAPTER_05 | 球待ち

23 「待つ」ことについての心構え

本CHAPTERの最後に、ネクストサークルでの準備や選球眼の重要性について解説します。打席に立つ前の心構えや、状況判断の要点、見逃し三振の意義、代打の際の初球の重要性など、具体的に見ていきましょう。

ネクストサークルでの準備

　ネクストサークルは、いろんなことを考えないといけない場所です。打席での迷いを消すために、しっかりと頭の整理をしておく必要があります。ある程度、シミュレーションしながら、前の打者の結果を待つわけです。スコア、イニング、アウトカウントなどさまざまなことを頭に入れて、自分に何が求められているのかを理解しないといけません。三塁走者が生還する状況では、ホームの後ろに駆け寄って指示も出さないといけません。

　もちろん、シミュレーションはネクストサークルに入るまでに行っています。**私の場合はノーアウトなら6番目の打者になったときから心の準備を始めます**。4番を打つとすると、8番打者が打席に立ったときからスイッチを入れるのです。ツーアウト満塁で打席が回ってくる可能性があるからです。その状況の中で何が起きてもいいようにベンチで頭を回転させるのです。

見逃し三振はOK

2ストライクに追い込まれれば、ある程度ストライクゾーンを広げて待ちます。それでも自分がボールと思った球で見逃し三振は仕方がありません。ボール球に手を出しての空振り三振よりましなぐらいです。

見逃し三振は「悪」と決めつける指導者が多いのですが、私はそう思いません。見逃し三振を意識しすぎると、フルカウントからの見極めが悪くなるばかりか、追い込まれる前に勝負したくなるので、初球から当てに行くような打者が増えてしまうのです。だから**指導者が「見逃し三振でもOK」の方針を示すと、早いカウントでの仕掛け方に余裕が出ます。チームとして四球の数が増えるのは間違いありません。**

代打は初球が大事

代打の鉄則として「初球から振れ」というのがあります。1打席勝負ですから、初球からタイミングを合わせて振れる準備をしておくのは大切です。1球振ることによって、タイミングの微修正もできますし、力みが取れるという効果もあります。

ただ、裏を返せば相手バッテリーも代打は初球から振ってくるとわかっているわけで、1球目は慎重に入ってきます。

打ち気にはやる打者心理を考えると、ストライクゾーンからボールになる球が有効です。その誘い球を見極められるかどうか。もちろん誘い球が失投になることもあります。甘いコースに来れば確実に仕留めて、誘い球には乗らない。初球から高い集中力で臨まないといけません。ボール球を見極めて、1ボールから始まるのか、ボール球に手を出して1ストライクから始まるのかでは状況が全然違ってきます。

選球眼の磨き方

　一流の打者ほどボールを長く、ゆっくり見ることができます。私も調子のいいときは150キロのストレートが体感スピードで130キロぐらいの打ち頃の速さで見えていました。

　逆に、調子の悪いときは130キロのストレートが体感スピードで150キロに見えてしまいます。体感と書きましたが、実際に感じるのは目です。目で速いか遅いか感じるので、目の動きというのがすごく大切になるのです。

　打ちにいくときに頭が突っ込めば、向かってくるボールに対して目が衝突する状態になります。当然、スピードガン以上に速く感じます。逆にミートの瞬間に目が止まる状態、前の足を踏み込みながら、上体は少し後ろにのけぞる形でスイングできると、体感スピードを殺すことができるのです。

　では、ストライク、ボールの見極めはいつするのか。マウンドからホームベースの距離は18.44メートルですが、見極めが悪い打者は投げた直後に振る、振らないを判断してしまいます。そうなると、ワンバウンドのボール球になる変化球にもバットが止まりません。

　逆に、見極めがいい打者は判断を先延ばしにできます。**マウンドとホームの間に架空の「額」があるとイメージしてください。そこを通過する球はストライク、外れていればボールという感じです。**その額の位置が、いい打者ほどホーム寄りにあるのです。高低、左右のコースを絞るときも、この額を通過するときに判断するのです。

POINT

☐ 打席に立つ際は状況をシミュレーションし、頭を整理すること

☐ 見逃し三振は必ずしも悪ではなく、選球眼を磨くことで
打席での対応力が向上する

☐ 代打では初球が勝負を決める重要な要素になる

CHAPTER_05　球待ち

COLUMN_05

「待ち方」のエピソード

極端な待ち方で槙原対策

1983年、巨人の槙原寛己氏と秋のオープン戦で初対決したときに、「これは来年、絶対にウチのチームは抑えられるな」と、1打席目でストレートの速さに脅威を感じました。

シーズン中なら目も慣れていますが、実戦感覚から離れていると、目がついていきませんでした。

でもベンチの仲間が見ている中で、4番打者として無様な姿を見せるわけにいきません。打つならカーブしかないと、2打席目はカーブだけを狙ってレフト前にはじき返しました。

これは極端な例です。私はあまり配球を読むことはせず、キャッチャーと勝負しないタイプの打者でした。中には裏の裏までかくようなタイプの打者もいますが、私は常に真ん中やや外のストレート狙いです。

駆け引きなしに待ち、後は目で捉えたときに対応するだけです。

基本的に打者というのは受け身なので、対応力の差が成績に直結します。村上宗隆選手が試合前にいろいろな種類のティー打撃を行いますが、あれも対応力を磨くための練習です。私も中西太さんの打撃コーチ時代に、真正面からいろいろなコースにスポンジボールを投げてもらい、対応力を磨きました。

実際の試合で自分の理想のタイミング、ポイントで打てることなん

てシーズン中に数えるほどです。あとはすべて対応です。相手バッテ
リーもスイングを崩そうとしてくるわけですから。崩れながらどう打
つかというわけです。

崩れながら甲子園で3打席連続アーチ

　まだ若い頃、甲子園の広島戦でセンター、ライト、レフトに3打席
連続ホームランを打ったことがありました。4打席目は四球で歩くと、
一塁手の水谷実雄さんに言われました。
「フォークボールをつんのめったように拾ってホームランを打ったけ
ど、あそこまで崩れないと打てないよな。見事な崩れ方だった」と。
自分の感覚では真っすぐ待ちで対応しただけで、グリップを後ろに残
したまま、上からたたいたつもりでした。
　投手の足もとにライナーを打つ感じでしたが、打球が上がってたま
たまホームランになったのです。でも周りから見ると、崩れながらす
くい上げたように見えたということです。そのときに「崩れる」とい
うのは大切なことだと痛感したのです。

CHAPTER_06

練習

CHAPTER_06 | 練習

24 掛布流の素振り

素振りは、体調に関係なく毎日欠かさず行うべき基本の練習です。一本足のスイングから低めのボール、そして高めのボールを打つスイングまで、さまざまなフォームで振り込みます。

3種類をワンセット

　私はどんなに疲れているときでも一人でバットを振る素振りを欠かしたことがありませんでした。
　私の素振りのやり方は、まずは王貞治さんの一本足のような形で振ります。一本足にしたのは小さな体だったので、体重移動を利用して最大限のパワーを生むためです。一本足にした軸足に体重を乗せ、前に突っ込むぐらいの強い踏み込みを意識します。そして、ミートポイントに最短距離でバットをぶつけるイメージで振り抜きます。

　次は、構えを極端に低くして、膝を曲げながら低めのボールを拾うようなスイングです。崩されながらも下半身の粘りで変化球を捉えるイメージで振ります。最後は高めのボールを上からたたくスイング。だいたい、この３種類をワンセットとして納得いくまで振っていくのです。

▼ 掛布流・素振りのやり方

まずは王貞治さんの一本足のような形で振る。一本足にした軸足に体重を乗せ、前に突っ込むぐらいの強い踏み込みを意識

CHAPTER_06　練習

ミートポイントに最短距離でバットをぶつけるイメージで振り抜く

次は、構えを極端に低くして、膝を曲げながら低めのボールを拾うようなスイングをする。崩されながらも下半身の粘りで変化球を捉えるイメージ

最後は高めのボールを上からたたくスイング

対戦投手をイメージした素振りは自分が主導権を握れる

スイング数は、最初の一本足のスイングは最低でも100回は振ります。ときにはそれを延々とやることもあります。キャンプ中だと夜に、多いときだと一人で計500回は振りました。昼間の練習を合わせると、1日に最低でも1000スイングはこなしました。

シーズン中の素振りでは、対戦投手をイメージしたものも加わります。次の日に先発が予想されるピッチャーが仮に巨人・江川であれば、速いストレートに対応するためのタイミングを意識して振り込みます。巨人・西本だったらシュート、大洋・遠藤であればフォークボールと、それぞれの投手の決め球をイメージし、どう対応するか考えながら振り込むのです。

今の選手はトータルのスイング数のうち素振りの割合が少なくなりました。室内で数時間、打撃マシンを打つことも可能ですから、素振りは減り、実際に球を打つことが増えたのです。

でも私は、自分が100％の主導権を握れる素振りをもっと数多くするべきだと思います。もともと打者というのは投手の投げてきた球に対応する受け身の存在です。フォームを固めるときぐらいは、来た球を打つ「対応」ではなく、主導権を握って理想のスイングを繰り返したいのです。たとえ同じようなタイミングで投げてくる打撃マシンの球であっても、スイングに多少の「対応」は必ず入ってきてしまうのです。

常に「いい崩され方」の練習をしていた

素振りでは理想のスイングだけでなく、主導権を持って崩れることもできるのです。真っすぐを待ちながら、カーブや、スライダー

147

への対応を考えながら振るのです。

　私は普段のフリー打撃でも、できるだけ主導権を握ってスイングすることを意識していました。練習ではあえて速いボールは打たないということです。新井良夫さんという打撃投手の球しか打たなかったのですが、ゆるい球を投げてもらって、自分から差し込まれたり、泳いだりするわけです。

　本番の試合の中で崩されるのと、自分から崩れるのはちょっと違います。そういうことを素振りだけでなく、普段の打撃練習でも意識していました。**完璧なスイングで捉えたホームランなんて年に2、3本だけです。あとは崩されながらの対応なので、常に「いい崩され方」の練習をしていました。**

素振り不足が脇腹の故障を生む

　最近の選手は脇腹を痛めることが増えましたが、これも素振りが少ないのが原因のひとつだと私は思います。

　普段の素振りで脇腹の耐久性を強くしていないので、いざ試合で空振りしたときに痛めるケースが多いのです。試合になるとアドレナリンが出るので120％の力で振ります。当然、ボールとバットが当たると思って振っていますから、空振りしたときの衝撃はすさまじいものがあります。サッカーで思い切りシュートを空振りすれば、股関節を痛めるようなものです。

スポンジ打ちの利点

　素振りと同じく、スイング固めの練習として取り入れていたのが、軽いスポンジボールを打つ練習です。いきなり打ち始めると、手首を痛める場合があるので、十分に振り込んでからです。

このスポンジボール打ちは打球角度の話でも触れましたが、私が大切にしていた練習で、素振りと同じぐらい数多く振りました。

スポンジボール打ちのいいところは、真正面から投げてもらえることです。軽くて柔らかいので、投げている人に当たっても痛くないからです。ティー打撃だと斜め横からになるので、実際に投手と対戦するときとは体の角度がどうしても違ってきます。

いざスポンジボールを打つと、いろいろなことがわかります。私が特に重視したのがスピンのかかり方でした。ボールの下の部分に上からバットを入れて、いいスピンがかかれば、きれいな回転で飛んでいきます。同じように投げてもらっても空気抵抗によって微妙に変化するのですが、それを自分のタイミングでしっかり振り抜き、フォームを固めていくのです。

阪神の2軍監督を務めたときは、夜に横田慎太郎や中谷将大らを宿舎の一室に呼んで、1時間ほど打たせました。私も若い頃に中西太さんに同じようにスポンジボールを打たされました。ずっと続けていた練習方法なので、私の家には今でもスポンジボールがあります。現役時代に使っていたもので、もうボロボロになったものが100個ぐらいあります。

そういう練習方法なども含めて振り返ってみると、若い頃に教えてもらった中西太さん、山内一弘さんという2人のコーチの影響が大きかったと感じます。落合博満さんはロッテ時代に山内さんの指導法と合わなかったらしく、教えてもらったことがないと聞きました。相性もあるのでしょう。私にとっては間違いなく、いいコーチでした。

指導者との関係で言うと、私は言われたことは1回はトライしたほうがいいと思っています。やってみて合わなければ、やめればいいだけのことです。合う、合わないは当然あるので、やってみて自

分で判断することが大事だと思うのです。

　私も実験用のモルモットのように中西さん、山内さんにいろいろなことをやらされましたが、言われたことをやらないと悔いが残ると思っていました。練習生のような形でプロ入りし、他の人より技術もなかったですから。

マメを育てる

　私は素手でバットを握っていたので、人よりも手のひらにできるマメを大事にしました。キャンプで振り込みをはじめると一度マメができあがり、その後、全部むけてしまいます。血だらけになりながら、その下から新しいマメができます。それをつぶさずに育てると、程よい引っかかりができて、しっくりバットを握れるようになるのです。

　なぜ素手で握るかというと、車のハンドルでいうところの遊びがほしいのです。手袋で握ってスプレーで固めてしまうと、ごまかしがききません。しかし素手だと、差し込まれたときなどに、少し滑らせるなどの対応ができるのです。

　今は高校生だけでなく、小学生まで手袋をしてバッティングする時代です。CHAPTER_01で足の裏の感覚を磨くことの大切さを話しましたが、手のひらも同じことが言えます。
　練習だけでもいいので、暖かい日などは素手で打撃練習させると、違った発見があるかもしれません。私は阪神の2軍監督のとき、右打者なら右手、左打者なら左手という感じで、上の手だけ手袋を外すことをすすめたことがあります。「痛くて打てません」と泣きが入る選手もいましたが、アマチュアの金属バットならそれほど痛さはないはずです。ときには感性を磨く練習をしてみることをおすすめします。

150

今の若い子は腰が落とせない

　裸足や素手の流れの話で、我々の時代と一番大きく変わった生活習慣はトイレです。野球に関係ないように思われるかもしれませんが、実は大きく影響しています。

　我々の子どもの頃は和式トイレが一般的でしたから、股関節や膝が柔らかく使えて、守備でも腰が落とせました。今は洋式トイレが当たり前の時代なので、子どもたちに内野ノックで「腰を落とせ」と教えてもできないのです。だから「手の力を抜いて、グラブを下ろして構えなさい」という教え方になります。

　メジャーリーグで名手と呼ばれる選手も腰高の構えですし、それが時代に合った構えなのでしょう。今は正座する機会も減ったでしょうし、ウサギ跳びなんていう練習もやらせません。**守備の構え方ひとつにしても、指導者もその時代に応じた教え方を考えていかないといけません。**

マシン打撃で気をつけること

　打撃マシンを使ってボールを打たないと、素振りだけでは手応えをつかめない人もいます。ただ、気をつけなければいけないのは、マシンが投げるボールであってもまったく同じボールがないということです。

　同じ速度で設定していても、多少なりとも球筋は違うのです。だから本来、形をつくるという意味では素振りのほうが適しているでしょう。マシン打撃は「形」というより、ボールへの「対応」の練習になるのです。

　生身の投手は打者のタイミングをずらそうとしてきます。マシン

CHAPTER_06　練習

151

のように「1・2・3」の一定のリズムでは投げてくれないのです。

　だからマシン相手には一定のリズムで打つだけでなく、自分でわ
ざとタイミングを崩すのも実戦に向けて有効な練習です。遊び感覚
でもいいので少し早いタイミングで対応したり、遅くタイミングを
取ったりと、いろんなことを想定してみるといいでしょう。

POINT

- ☐ 掛布流の素振りは、一本足のスイング、腰を落とした
  スイング、上からたたくスイングの3種類
- ☐ 対戦投手を想定したスイングも加える
- ☐ 素振りで理想のスイングを追求し、主導権を握ることが重要
- ☐ 素手でバットを握り、マメを育てることで
  バットの引っかかりを調整する
- ☐ 手袋での打撃練習は手のひらの感性が磨けないため、
  片手だけでも素手での練習を推奨

CHAPTER_06 ｜ 練習

25 自分の野球に適した体をつくる

野球選手にとって、適切なトレーニングと体重管理は重要です。プレースタイルに応じた体づくりを行い、下半身強化や食事管理も重視し、シーズンを乗り切るための体力を維持することが求められます。

ウエイトトレーニングの重要性

　中学、高校生ぐらいから、体力に応じて器具を使ったウエイトトレーニングの癖をつけたほうがいいでしょう。大きな負荷をかける必要はありませんが、習慣はつけておくべきだと思います。私たちが腕立て伏せを毎日やっているのと一緒で、それをもっと科学的、効率的にやるわけですから。**若いうちから体幹を鍛えておくと、打つ、投げるの技術の習得スピードが大きく変わってきます。**

　ウエイトトレーニングは絶対に必要ですが、特にプロの場合は自分のプレースタイルに見合った体づくりをすることが大切です。筋肉の重さが邪魔することがあるので、単純に筋肉量を増やせばいいというわけではないのです。
　私の現役時代の例で言うと、身長176センチで、ベスト体重は78キロでした。80キロを越えると、打球の飛距離は伸びるのですが、下半身に負担がかかりすぎてケガの原因になります。

長いシーズンを乗り切るには、体重は重すぎても軽すぎてもダメです。私の場合、春季キャンプに83キロぐらいで臨むと、オープン戦が始まって2週間ほどで5キロ減のベスト体重になっていました。

　夏場はいかに体重を維持するかも勝負です。空腹感がなくても、意識して食べないといけません。ゴルフ中継で渋野日向子選手らがラウンド中におやつを食べるシーンが流されることがありますが、あれも体重管理の一環でしょう。ゴルフも野球も、1年を乗りきるためには体重キープが重要な課題となるのです。

　私は、当時としてはウエイトトレーニングにも力を入れたほうだと思います。試合前にはトレーニング器具を使っての強化に励みました。誰かに言われたわけでなく、自分で必要と考えてのことでした。

　ただ、振り返ると、我流で効率の悪い方法だったと思います。当時は立派なジムや専門のトレーナーが球団にいない時代でしたから。今は、各球団、ウエイトトレーニング専門のトレーナーが何人もいて、どこの部分の筋肉が弱いなどのデータがそろっていて、科学的に鍛えています。我々の時代とはまったく違う世界です。

　今の選手はウエイトトレーニングの方法に関しては、専門のトレーナーに任せていれば、正しい方向に導いてくれます。ですが、それに加えて、**昔ながらのランニングなどで鍛えるトレーニングもおろそかにしてはいけません。意識、行動を変えるだけで、下半身の強化はできます。**

　何も特別な時間をつくらなくても、例えば試合中にもできるのです。私のポジションは三塁でした。攻守交代にベンチから1試合に9往復。イニング間はダッシュに近い強度で走りました。打撃では全打席で全力疾走はできませんでしたが、完全にアウトのタイミングでも、2回に1回は力を入れて走りました。夏場を乗り切るため

に心掛けてきたことです。

　コンディションを整えるために、実際のゲームの中で下半身をつくっていたのです。なぜ全部の打席を全力で走らないのかという声があるかもしれませんが、それもスタミナ配分。長いシーズンは適度に「手をぬく」ことが、毎試合出場するレギュラークラスにとってはプロの技術のひとつになるのです。

手首、握力、下半身はしっかり鍛えたい

　右利きの左打ちの私の現役時代は、握力が左右ともに73キロ前後でした。球を押し込むための左腕も利き腕と同じ強さがありました。親に感謝しないといけない部分もありますが、これはトレーニングのたまものでもあります。

　私はプロに入ってもバッティング手袋を使用せずに素手でバットを握っていました。木のバットを素手で握るとどうしても滑りやすいので、一定の握力が必要だったのです。

　高校生の頃から、お風呂の中では延々とグー、パーと繰り返して握力を鍛え、暇さえあれば砂を入れたビール瓶を使って手首を鍛えていました。寮の部屋には手首で巻き上げる砂袋を置いてありましたし、肘から先の筋肉というのを意識して鍛えていたのです。

　肩から肘までの二の腕や胸板はポパイみたいになっても仕方ないのですが、前腕に関しては強いに越したことはありません。それとプラスして、土台となる下半身はしっかり鍛えないといけません。

トレーニングは仲良しクラブでやるものではない

　最近は一人で黙々と牙を磨く選手が減りました。トレーニング

155

ルームをのぞくと、休憩の合間などに談笑している姿が多く見られます。私が違和感を覚える光景です。たむろすることで、きつい練習の逃げ場にしているように思ってしまうのです。バットを振るのと一緒で、体づくりもやはり自分一人でやらないとダメだと私は感じます。

　そもそも体づくりは、プレースタイルも体形も人それぞれなので、同じメニューをするのはおかしな話です。目指すべき野球のためにトレーナーと相談してオリジナルのメニューでトレーニングするべきです。それなのに、**みんなでワイワイしながらでは、その効果が疑問です**。柴犬に大型のグレートデーンみたいな筋肉をつけても邪魔なだけなのです。柴犬は柴犬のよさを磨けばいいわけですから。一方でグレードデーンみたいな選手は、その体に見合う筋肉をつければいいのです。

自分の特徴を生かしたトレーニングを意識する

　そして、チームというのは柴犬もいれば、グレードデーンもいるからいいのです。ポジションや打順も適材適所があり、同じようなタイプばかりではチームは成りたちません。だからこそ、同じようなトレーニングをするのではなく、それぞれが自分の体と向き合ってほしいのです。

　スピードで勝負する選手というのは、筋肉をつけすぎると、筋肉が重たくて邪魔をする場合があります。そのあたりは自分のプレースタイルを考慮して、トレーナーと相談しないといけません。

　阪神の2軍監督時代に、俊足が売りの選手のスタートが遅くなったことが話題になりました。本人に話を聞くと、「ちょっと体が重いんです」と。だから「勝負する武器を邪魔する筋肉をつけても仕方がないんだよ」と諭しました。

　プロで勝負できる体づくりは必要ですが、スーパーマンみたいな

体にする必要はないのです。伸び悩んでいた若手選手が発した「もう筋肉はいりません。ほしいのは技術です」という言葉が印象的でした。

　自分の特徴を生かしたトレーニングといえば、イチロー氏が有名です。ある取材に「ライオンや虎はトレーニングなんかしない」と答えていましたが、バランスを重視した柔軟な筋肉があればいいという考え方です。体格で勝るメジャーリーガーと勝負して45歳まで現役を続けたのだから説得力があります。

　ただ、誤解してはいけないのは、イチロー氏も最新の器具を使ってのトレーニングに熱心でした。違っていたのは筋肉を増やすことより、強く、しなやかな体をつくることを目的にしていたのです。動体視力のトレーニングなども人一倍やっていたからこそ、あれだけ長くユニホームを着ることができたのでしょう。

最新の解析機材による数値化の落とし穴

　今の時代は投手なら初速、終速だけでなく、球の回転数や回転軸まで1球ずつ事細かなデータがわかります。打者もそうで、スイングスピードや打球角度などが数値化されるのです。ですから、オフになると選手はそのデータをもとに改善点をあぶり出し、フォーム変更などにトライするのです。

　でも、私はそこには落とし穴もあると思っています。動作解析やデータ上の数字に左右されて変化するということは、つまり平均点を目指すということにもなりかねないのです。我々の時代も1年ごとに体も変われば、フォームも微調整していきました。自分なりに弱点克服をどうすればいいかを考えて変化したのです。

　ときには間違った方向に進むこともあるでしょうが、とんでもない大化けをする可能性もあります。いい意味の荒々しさや、個性に

つながるのです。動作解析ありきでは、強烈な個性となる王さんの一本足打法や野茂英雄氏のトルネード投法は生まれなかったかもしれません。

食事環境も今と昔は雲泥の差

　今は栄養学が発達しており、トレーナーが効果的な食事方法をしっかり指導してくれます。我々の時代とは雲泥の差です。

　例えば、太るため、やせるため、食事メニューの食べる順番を変えるだけでも効果が違うとわかっているのです。「野菜から食べなさい」とか、「炭水化物から食べなさい」とか選手個々の事情によって指導が変わります。選手寮に栄養士が来て、料理をすべて確認します。その上で、「朝はお米を何グラム以上食べなさい」などの細かな指示が下るのです。

　今は食事だけでなく、必要な栄養を効果的に補うためのサプリメントがたくさんあります。プロテインもそのひとつで、いろいろな種類があり、トレーナー室には山積み状態です。

　体重計に乗っただけで、体のデータが丸裸になるのですから、すごい時代です。水分量、筋肉量、太ももの太さ、ふくらはぎの太さ、一瞬ですべてわかるのです。こうなると選手も食事管理は専門家に任せておいたほうが楽で、間違った方向にはいかないはずです。

　私が阪神２軍監督時代に見た中では、2016年のドラフト１位・大山悠輔内野手の「食事」が強烈に印象に残っています。開幕２軍スタートとなり、金本監督から１軍昇格条件として、体脂肪を落としながら体重５キロ増のノルマを課されました。２軍のトレーナー陣が「Bigger マウンテンプロジェクト」と名づけたプロジェクトがスタート。ときには食堂に１時間半もこもって無理やり胃袋に詰め込んでいました。ただの増量でなく、筋肉だけで５キロ以上増や

すのですから大変です。

　6月中旬に1軍昇格が決まったときに、「何が一番きつかった？」と聞くと、「食べることです」と。食べ盛りの若者が、あれだけ過酷なウエイトトレーニングより「つらい」と言うのですから想像を絶します。でも、そのおかげで1年目後半からは主力打者として活躍できたのです。

POINT

- ☐ 野球選手はプレースタイルに合った体づくりを重視し、ウエイトトレーニングと食事管理を通じて、シーズンを乗り切る体力を養うことが重要
- ☐ 専門家の指導を受けつつ、自分の特徴を活かしたトレーニングを行うべき

CHAPTER_06　練習

CHAPTER_06 | 練習

26 歯を磨くように バットを振る

バット振りは、歯磨きのように毎日欠かさず行うべき習慣です。単なる数ではなく、意味のあるスイングを重視しましょう。目的意識を持ち、最後まで努力し続けることが重要です。

一人で振る人間が最後に勝つ

　継続は習慣と言ってもいいでしょう。やらされるのではなく、歯磨きのように、バットを振らないと気持ち悪くて1日が終われないという感じになってほしいのです。しかも、数だけを決めてダラダラ振るのではなく、意味のあるスイングをするべきです。

　キャンプ中に1日1000スイングなどチームで方針を決めることがありますが、私は数を決めるのは意味がないと思っています。
　これも阪神の2軍監督をしていたときのことですが、秋のフェニックス・リーグ中に1軍から試合後に10球連続ティーを200スイングほど義務化する指示がありました。選手たちは「やれ」と言われればやりますが、私の目にはダラダラと目的意識もなく振っているように見えました。
　ですから「試合で疲れているかもしれないけど、やるんだったらちゃんとやろうぜ。俺がちょっと見せてやるわ」と言い、連続ティー

の手本を見せました。60歳を過ぎても身につけた基礎の「１」は「０」にはなりません。選手たちから歓声が上がりました。「未だにあの10球連続ティーを掛布さんほどきれいに打った人間を見たことがない」と言われます。**数をこなすことも必要なときはありますが、目的意識を持ってやってほしいのです。**

そして、決められた数を歯を食いしばってこなして、さらに一人で振る人間が最後に勝つのです。私も筋肉痛で階段が下りられないぐらい練習させられても、夜に一人で走りに行きましたし、壁当てで捕球練習をしました。そしてバットを必死で振りました。その心と体の強さがあって、初めて「技術」が身についていくのです。

便利な時代だからこそ「急がば回れ」

今の若い選手を見ていて思うのは、早く結果を出したいと、近道しすぎることです。インターネットが発達して、YouTubeなどで見たい動画も探せます。いろいろな情報があふれているので、逆に失敗を恐れるのです。「もっといい練習法はないか」「もっといい技術論はないか」「もっといいお手本はいないか」と。

ですが、野球に限らずどんなスポーツでも失敗から学ぶことのほうが多いものです。「雨垂れ石をうがつ」という言葉があるように、指導者は根気強く、コツコツやることの大切さを教えてあげてほしいのです。

私が見てきた中でも目先の結果を求めて、小さくまとまってしまったり、長所が消えてしまった選手がたくさんいます。

オイシックス新潟の髙山俊もその一人です。2015年のドラフト１位で明大から入団。新人ながら１番打者として開幕スタメンで起用されると、打率２割７分５厘で136安打を放って新人王を獲得しました。ところが２年目は２番打者として期付されましたが、精彩

を欠く打撃が続き、出場機会が減っていきました。

　1年目、2年目、3年目とホップ、ステップ、ジャンプと成長曲線を描いてほしいところが、年々、成績が悪くなっています。1年目、2年目と結果を求めすぎて、どこかで歯車が狂ってしまったのです。入団したときに2軍の春季キャンプで彼を初めて見たときは、強さとうまさを兼ね備えた打撃に度肝を抜かれました。歩む道さえ間違わなければ、球界を代表する打者になれるはずでした。

　プロ野球の世界は3年レギュラーを務めて一人前と言われますが、そのためには強固な土台が必要です。土台が固まっていないと、高い建物は造れないのです。

　私が阪神の2軍監督に就任したとき、レベルスイングを体で覚えさせるため、選手一人ずつに固いチューブ状の棒を渡しました。そのチューブを持って頭から地面に1本の軸を通すイメージで立ち、体を正面に保ったまま左右に振っていく、という練習です。春季キャンプの早朝練習で全員でそのチューブを振らせたのですが、**この練習なんて、何年も続けて初めて身につくものです。1、2日やったところで何も変わりません。**1年続けても効果がないかもしれません。でも、2年、3年と毎日続けていれば、絶対に身になる練習でした。しかし、ほとんどの選手がそのことを理解していない、という現実も肌で感じた2軍監督時代でした。

POINT

- ☐ 毎日欠かさず振ることを習慣化する
- ☐ 数を決めてダラダラ振るのではなく、意味のあるスイングを行う
- ☐ 筋肉痛や疲労を超えて、追加の練習を自発的に行う
- ☐ 短期間での結果を求めすぎず、基礎の土台を固める

COLUMN_06

数を振ることで身につくもの

継続する力を見せてくれた横田との思い出

　私が阪神の2軍監督として最も目にかけて指導したのが、2013年のドラフト2位で鹿児島実業から入団した横田慎太郎でした。残念ながら脳腫瘍の後遺症に苦しみ、わずか6年でユニホームを脱ぎました。その後、脳腫瘍が再発、2023年に帰らぬ人となってしまいました。まだ28歳、あまりにも若すぎる人生に、野球の神様を恨まずにいられない出来事でした。

　横田のことは、トリプル3を達成する大器として期待していました。キャンプでは連日、宿舎の一室でマンツーマンの打撃練習を行いました。一度、当時の中村勝広GM（2015年死去）が見学に来ましたが、20分ほどで退室しました。「この2人の空気感っていうのはすごいな。俺たちが入れるような空気感じゃないな。すまなかった」と。荒川さんと王さん、長嶋さんと松井秀喜というように、1体1の緊張感のある中での練習こそが選手の土台を築くのです。

　私も入団2年目に、選手寮に住み込みで打撃コーチを務めた山内一弘さんとの特訓がありました。夜、寮の屋上に上がって一人でバットを振っていると、1時間後ぐらいに現れるのです。屋上の電気がつくので、私が練習し始めたとわかるのです。ですから、私はそれからまた1時間ぐらいバットを振ることになります。毎日、2時間もバットを振り続ければ、否応なしに体でスイングを覚えます。形もそうです

が、「振る力」がつきます。

　さまざまな器具を使ってのウェートトレーニングも大切ですが、バットを振る力、ボールを飛ばす力、これは数を振ることでしか身につかないのです。ボディービルダーのような筋肉をつけても、バットは速く振れないのです。だからこそ「継続は力なり」となるのです。
　逆に言うと、肉体改造やシェイプアップに逃げてはいけないということです。科学的なトレーニングをすると1か月もすると肉体に変化が表れます。単純にバットを振り続けるより、早く効果が見えます。でも、本当に大事なことは、すぐには身につかないし、目には見えないことが多いのです。

肉体だけに答えを求めてはいけない

　そういえば、昔、MLBのあるコーチと面白いやりとりがありました。1989年に阪神で1年間プレーしたセシル・フィルダー氏が90年にメジャーで本塁打、打点の2冠王を獲得。翌年のキャンプを見に行くと、ポッチャリ型のフィルダー氏がずいぶんと体を絞っていました。だから私はコーチに「今年のフィルダーは非常に体が締まっていて、去年以上の成績を残すんじゃないですか」と聞きました。
　すると、「いや、それはわからない。私たちはフィルダーに対して打率3割を望んでいない。体を絞っても50本のホームランを打てるかどうかはわからない。答えはシーズンが終わってみないとわからない」と言うわけです。

　フィルダー氏に対して求めているものは、やせればいい、筋肉をつければいいという単純なレベルではないのです。「シーズンが終わって50本打ってくれれば、正解だったという答えは出る。でも、やせたか

ら打てるとは限らない」と。結局、フィルダー氏は２年続けてホームラン王を獲得したのですが、肉体だけに答えを求めてはいけないということです。

佐藤輝明に期待すること

　この話でもうひとつ大事な教訓は、選手によって求める野球が違うということです。

　例えば阪神の佐藤輝明です。１年目から球団記録の24本塁打を放った待望の長距離砲です。一方で173三振も球団のワースト記録で、打率２割３分８厘と安定感に欠きました。２年目が始まるにあたり、彼にどういう野球を求めるか、というのは議論になりました。

　私は40本塁打を目指してほしかった。一足飛びに40発が無理なら、30本の大台を目標にするべきでした。三振数を減らせばホームランが増えるわけではありません。２年目のオープン戦で三振の割合が減ったときに「これで打率３割、30本塁打を狙える」という周囲の声をよく聞きましたが、私は危うさを感じていました。三振を恐れると、打撃が小さくなるからです。

　三振の多さは確かに欠点ですが、短所を消して、長所も消してしまえば何の意味もないのです。打率２割８分、20本の打者になってほしくないのです。ですから私は２年目に４番を打たせることも反対でした。結果を求めすぎるより、３番または６番あたりで気持ちよく打ってもらいたかったのです。

　２年目は結局20本にも届かず終わりました。その後、３年目、４年目と、いまいち伸びがありません。来年もう一度荒々しくというのは、これも難しい作業です。ホップ、ステップ、ジャンプのステップの位置を間違えた気がしてなりません。

165

私の場合は佐藤輝明とは逆に自分の器より、大きな野球をしてしまったと考えています。田淵幸一さんが1979年オフに西武にトレードとなり、4番を任されるようになった私は48本塁打を打ちました。4番としてホームランを求められていたからです。私の小さな体では3割、30本塁打ぐらいを続けるのが一番よかったのです。無理して40本塁打を狙う打撃が選手寿命を縮めた一因だったのです。

　佐藤輝明は私と違って、40本どころか50本を打てるような器です。小さくまとまらず、大谷翔平選手のように大きく育ってほしいと思っています。

CHAPTER_07

心構え

CHAPTER_07 | 心構え

27 メモは試合が終わってから

試合中のメモ取りは逆効果で、グラウンドから目を離さずにゲームに集中することが重要です。試合後に配球チャートや感覚を記録し、分析することで、自分の打撃力や守備力を高めることができます。データに依存せず感性を磨くことも大切です。

自分なりのデータをメモに書く

　若い頃はベンチの端っこに座っていましたが、4番を打つようになるとベンチの真ん中が指定席となりました。中心選手として相手ベンチから一番よく見える位置に陣取ってくれと、他の選手に言われたからです。

　ど真ん中に座っている選手が、打席から帰ったあとに下を向いてメモをつけていれば弱く見えます。それに試合中はグラウンドから目を離さないほうがいいに決まっています。自分が打ち終わったあとでも、試合は続いているのです。相手、味方ともに、グラウンド上のささいな動きでも試合の流れを感じることがあるのですから。

　メモを取ること自体は悪いことではありません。試合中にする必要がないと言っているだけです。私も家や宿舎に帰ってから野球ノートに書き込みました。9マスの配球図もつくりました。3球目のスライダーのホームランはこういう感覚で打ったとか、この4球

目のカーブはなぜ打たなかったのかと。特に大事なことは赤印をつけたりしました。家に帰って4打席、20球ぐらいの配球を覚えていないようでは、いい打者にはなれません。

書き込んだのは感性を殺すよりも、磨くために必要とした自分なりのデータでした。映像資料も今ほど充実していませんでしたから、顔見知りの新聞社のカメラマンに写真を撮ってもらって、右の肩が入りすぎていないかなどのチェックはしていました。

映像も見ますが、イメージづくりのためが主でした。ホームランを打ったところばかりを集めたビデオを寝る前に見ていました。そうすると、目をつぶったときに、下半身から上体のスムーズな流れが頭の中で再現できたのです。いいイメージを焼きつけておく作業です。だから眠る瞬間まで打撃フォームのことを考えていたことになります。

今は我々の現役時代より球団が豊富なデータを持っています。逆にデータがありすぎて、今の野球は個性を殺して面白くなっている面があると思うぐらいです。

打球の位置や配球はもちろんのこと、打球角度や速度、投手の投げるスピン量、回転軸と何でも数値化されています。その弊害として、昔より「感性」で勝負できる選手が少なくなりました。確かに目に見えるデータはすごく大事ですが、感性を殺すようなデータはいらないと思うのです。

メモの活用方法

メモには配球と同時に、その打席で感じたことも書き込みます。「右肩が入りすぎていたのでは?」「なぜあの甘い変化球にバットが出なかったのか?」「タイミングを取るのが遅れているのでは?」「あの球を見逃したから、次の失投を打つことができた」など、そ

169

のとき感じたこと、振り返って思うことを書いておくと、大きなヒントになることがあります。

POINT

☐ 試合中のメモ取りは、グラウンドの動きに集中するためには不向き

☐ 試合後に自分のノートに配球や打席の感覚を記録する

☐ 自分の記憶を基にメモを活用し、打撃や守備の改善に役立てる

☐ データだけでなく、感性を磨くことも重要

CHAPTER_07 ｜ 心構え

28 7割の失敗を大事にする

プロ野球選手は、打率が3割であっても、7割の失敗と向き合い続ける必要があります。失敗をどう活かすかが重要で、失敗の内容を改善することが成功につながります。調子が悪い時期をどう乗り越えるかが、長期的な成長に寄与します。

調子が悪いときほどよく眠れる

　私は毎夜、自分のホームラン集のビデオを見てイメージづくりをしていました。そういう日々の中で、実は打てずにもがいている自分のほうが好きでした。

　少し哲学的になりますが、調子よく打てているときは怖くて仕方がないのです。「いつ調子が悪くなるのだろうか」と。ケガさえしていなければ、精神的には結果が出ていないときのほうが楽だったのです。下にいるときは上がるだけですから。だから打てないときのほうが眠れて、打っているときのほうが眠れないものでした。
　長いプロ野球の歴史の中で、打率4割を打った選手はいません。いくら打っても結局は3割台で、7割は失敗なわけです。となると、3割打った打者が次にどこを目指すべきかというと、7割の失敗の内容をどうするかです。やはり毎年のように3割打つ打者は、7割の失敗の内容がいいのです。

失敗の内容を変えることが、成長につながっていく

　これは伝説的な将棋棋士として知られる升田幸三先生に諭された
ことです。私が初めて打率３割を打った21歳のときにお話をする
機会に恵まれました。

　そのときに、「これから君がやらなければいけない野球を考える
とする。21歳で３割を打った。では、10年後に４割を打てるのか」
と聞かれたのです。私は「打てません。10年後の30歳のときも３
割打つために必死になってバットを振っていると思います」と返事
しました。

　すると、「では、21歳で打った３割と、30歳で打つ３割の違いは
どこにあると思う？」と聞いてくるわけです。21歳の私にはさっ
ぱり答えがわかりません。すると、升田先生が言いました。

　**「それは７割の失敗にあるんじゃないか。いい失敗をしなさい。失
敗の内容を変えることが、きみの野球の成長につながるんじゃない
のか」**

　その言葉を胸に、数字だけを追い求めるのではなく、大局的な視
点で打撃を考えられるようになりました。

　例えば相手のエースと10回対戦するとして、どん詰まりのポテ
ンヒットが３本。あとはポップフライや三振。もうひとつは、ヒッ
トは１本しか打てなかったけれど、一歩間違えれば本塁打の外野フ
ライを何本も。

　後者のほうが打率は１割でも、前者の３割より内容が濃いという
こと。より相手にプレッシャーをかけられるということです。ヒッ
トになる、ならないは、運もあります。失敗の内容を高めることを
ぶれずに求めなさいと教えてもらったのです。

POINT

- [ ] 7割の失敗をどう活かすかが成功の鍵
- [ ] 失敗の内容を改善することが成長につながる
- [ ] ヒットになる確率が低くても内容が濃い打席が成功を呼ぶ

CHAPTER_07 心構え

CHAPTER_07 | 心構え

29 野球を嫌いになってはいけない

野球の上達には「野球を嫌いにならない」ことが最も大切です。レベルが上がると辛い経験も増えますが、それでも野球への情熱と向上心を持ち続けることが成功への鍵です。

大切なのは「笑顔」と「向上心」

　打撃も含めて野球を上達するうえで一番大事なのは、「どれだけ辛い思いをしても、野球を嫌いになってはいけない」ということです。

　小さい頃に楽しかった野球は、レベルが上がるに連れて、悔しい思いをすることが増えます。プロ野球で手痛いミスをすると「自分の野球はこれで終わるんだ」ぐらいに追い詰められることがあるのです。

　私が阪神の２軍監督を務めていたときも、１軍でたたきのめされて２軍に戻ってくる選手が何人もいました。内野のある選手は送球イップスになってしまって、一塁までスリーバウンドぐらいの送球しかできないような状態になりました。コーチに聞くと、「今ちょっと心が病んでいますから」と。だから私はその選手に向かって言いました。

「どんなに苦しくてつらくても、そんな顔をしてプレーしていたら大好きな野球が逃げてまうぞ。野球を辞めるならいい。もう一回、2軍で野球をやり直して続けるのであれば、自分が大好きな野球を忘れちゃダメだよ。**どんなに悔し涙を流して悔しい思いをしたとしても、心のどこかで野球が好きなんだという笑顔を忘れちゃダメだ**」

　笑顔を忘れずに好きでやる野球とともに、もうひとつ大事なのは向上心です。どんなにレベルが上がっても、「もっとうまくなりたい」という純粋な情熱。その根っこの部分を忘れてはいけないのです。

　だから私は、毎日一人で素振りを続けたのです。また、入団間もない頃は阪神電車の高架下の壁にボールをぶつけて、捕る練習をずっと一人でしていました。

「継続は力なり」という言葉がありますが、そうした孤独で地味な練習をずっと続けられるかということなのです。それができたら強い。プロ野球選手が高架下で壁当てなんて、みんながいるところでは恥ずかしくてやりません。誰も見ていない中で、一人だから、野球が好きだからこそできるのです。

一人で野球に向き合う時間を大切に

「継続」するには、今は昔より難しい時代かもしれません。身の回りに誘惑がたくさんありますから。我々の時代は携帯電話なんてありませんでしたが、今は小銭もいらず、どこでもピッと画面を押すだけでガールフレンドに電話がつながるのです。ほしい情報もインターネットやYouTubeですぐ手に入ります。だからこそ、一人で野球に向き合う時間を大切にしてほしいのです。

　阪神の2軍監督時代に若い選手たちの意識の低さを叱責したこと

CHAPTER_07　心構え

175

がありました。博多遠征で惨敗して、宿舎でコーチ会議を終えると、エレベーター前の広間で選手たちが笑いながらストレッチして騒いでいたのです。

「お前ら、あんな負け方して悔しくないのか？　なぜ、たむろして傷をなめ合っているんだ。俺だったら一人で部屋に戻って、明日のソフトバンクのピッチャーを殺してやるぐらいのつもりでバットをナイフに見立てて磨いているわ。それぐらいの覚悟を持ってやっていた。それぐらいの気持ちを持たないと、1軍になんか行けないよ」と叱りつけました。

　明日も同じ相手と試合があるのだから、やられて笑っている場合ではありません。やり返すための心構えをしっかりしてほしいのです。

　昔、ある作家の方が「銀行強盗をするんだったら誰と組むか？　江川、中畑、掛布の3人だったら、俺は掛布だ」と書いた文章がありました。「江川だったら計算高いからだまされるかもしれない。中畑は手りゅう弾とアボカドを間違えてアボカドを投げるかもしれない。掛布はそのとき静かに武器を磨いているんじゃないか」と。確かにそれぐらいの気持ちがなければプロで飯を食っていくことはできないのです。

POINT

☐ どんなに辛いときでも野球を嫌いにならない

☐ 常に向上心を持ち続ける

CHAPTER_07 ｜ 心構え

30 本当の継続ができるかどうか

本当の「継続」とは、決められた練習を超えて、自ら基礎的な練習を続けることです。プレッシャーや悔しさに打ち勝ち、結果を出し続ける覚悟が必要です。

「悔しさ」「怖さ」を忘れない心

「継続する」というのは大変なことですが、野球において本当の継続とは何か。実は、みんな自分は「継続している」と思っているのです。でも、プロ野球や部活で毎日練習していることは義務であり仕事で、継続に入らないのです。別の言い方をすると、**決められたメニューをやらされる練習に「継続」はないということです。**

全体練習が終わってヘトヘトになってからが自分との勝負の時間です。10分でも20分でもいいから、自分だけの基礎的な練習を続けられるかどうか。

人間誰でも「きょう1日ぐらいはいいか」と流されてしまいそうになるものです。その弱い心に打ち勝つには、楽しむこともそうですが、それだけでは足りません。やはり悔しさだとか、怖さだとか、そういうものを忘れないことが大切だと思うのです。

怖さを知ることが必要

　私の場合でいうと、４番打者としてさまざまなプレッシャーと戦いましたが、その中で一番大きいのが「結果を出せない怖さ」でした。部活でいうと、レギュラーから外されるというのも同じ種類のプレッシャーになるでしょう。何万人が期待している中で結果を残せない怖さは、経験した人でないとわかりません。

　他の人と同じ練習をしているだけでは、そこで結果を出せる突き抜けた選手にはなれないのです。部活でもレギュラーを取ったら終わりではありません。結果を出し続けないと、次の人間に奪われるのですから。だから「継続」に終わりはないのです。

　ですから楽しさや喜びだけでなく、怖さを知ることが必要なのです。それは、プロ野球の世界で１軍を経験した人間なら誰しも感じることだと思います。ナインと一緒にベンチで盛り上がることも大切ですが、**根っこの部分では「ライバルに負けちゃダメだ」というものがないといけないのです。**

　仮にポジション争いをしている選手がホームランを打ったとします。それをベンチで喜ぶのはいいのですが、気持ちの中で「クソッ、負けてられるか」という反発心がほしいのです。そういう気持ちがチームを強くすると思うのです。

　みんながみんな、ワッショイ、ワッショイでは、悔しさも何もない。「チームが勝てばいい」という控え選手ばかりではダメなのです。「俺もあの場面で打つために練習している」と悔しさをかみ締める選手が多ければ多いほど骨太のチームになるのです。

　最近の若い選手は仲がよすぎます。ギラギラしたもの、貪欲さがないのです。自分のことをよく言うわけではありませんが、私が入団して３年目ぐらいでレギュラーを取ったときは、他の選手を黙らせるぐらいの結果を出しました。オープン戦で打率４割、ホームラ

ンも５本ぐらい打ったのですから。当時の主力投手の江本孟紀さんもある記事で書いていました。

「掛布も入ったときはめちゃくちゃ守備が下手だったけど、怒ることができなかった。誰よりも遅くまでノックを受けている選手に対して、叱るなんてできないでしょう。それぐらいあいつは守備の練習をしていた。だから、あいつはうまくなったんだ」と。

ライバルに勝つにはそれぐらい突き抜けた練習量と結果が必要なのです。

心技体の「体」が不可欠

もちろん、**強い気持ちで人一倍の練習をするには、それに耐える「体の強さ」が必要です。**最終的にはスタミナ勝負となるのです。それがないと野球というのはうまくなりません。頭で考えるだけでは技術は身につかないのです。

歴代のレジェンドと言われる人たちはケガで休まない強さを持っていました。王さんや長嶋さん、落合さん、イチロー氏だってそうでした。今ならヤクルトの村上選手にも体の強さを感じます。何より試合を休みませんから。

さらに、ライバルの存在も自分を高めてくれます。私にとっては佐野仙好さんがそうでした。同期入団ですが、向こうは大卒のドラフト１位で、こちらはテスト生同然の高卒ドラフト６位入団です。２人ともコーチから鬼のようにしごかれましたが、佐野さんも体が強いし、音をあげませんでした。その猛練習でフラフラになりながら、私は佐野さんに勝つために一人での練習を続けたのです。

その継続で基礎の部分、「１」をつくることができました。「０」から「１」にするのが一番難しく、「１」になってしまえば、「２」や「３」には割と楽に上がっていけるのです。基礎が「０」だと技

術の積み上げができないし、崩れたときに立て直すことができなく
なります。

POINT

☐ 本当の「継続」とは、決められた練習を超えて、
　自分自身で基礎的な練習を続けること

☐ 結果を出せない怖さや悔しさを忘れない

☐ 常にライバルに負けないという強い気持ちで練習を続ける

CHAPTER_07 | 心構え

31 4番打者としての心構え

4番打者には宿命があります。独特の重圧と緊張の中で、緊張とプレッシャーの違い、一貫した心理状態を保つ工夫、日常のルーティンの重要性、そして、ファンのためのわがままな野球の必要性を知っておいてください。

どうすれば常に同じ心理状態で臨めるか

　この本の最後に、4番打者として必要なことをお伝えしておきたいと思います。

　私はすごく緊張して打席に入るほうでした。むしろ、緊張して当たり前だと思っていました。ウェーティングサークルで覚悟を決めて、打席に入るときには落ち着いていましたが、緊張しない人はいないでしょう。これは草野球からプロの試合まで、同じ心境だと思います。

　プロ野球では何万人もの目で見られて、その中で試合をやるわけです。緊張感のない試合ではいいプレーは生まれません。緊張とプレッシャーは違います。緊張はグラウンドだけのものですが、プレッシャーは常に感じていました。

　グラウンドでは緊張した中で、私はどうすれば常に同じ心理状態

で臨めるかを考えていました。打席に入るときはもちろん、守備のときでも同じです。ノーヒットノーランがかかった終盤や、サヨナラ負けのピンチなど、どんな名手でも「飛んできたら嫌だな」と思っているものです。

　ですから**私は逆転の発想で、普段から「飛んできたら嫌だな」と思うようにしたのです。そのほうが、どんな場面になってもいつも通りの心理状態でプレーできると考えたからです。**「飛んでこい」なんて思ったのは、冗談抜きで優勝を決める最後の打者ぐらいなものでした。

常に変えなかったこと

　日常のルーティンも同じにしました。球場に行く道も変えませんでした。調子が悪いからと変えだしたらキリがありません。何をやるにしても左から。靴下も左足から履きます。窮屈な日常生活に思われるかもしれませんが、決めておいたほうが楽なのです。

　心構えとして常に変えなかったのは、マスコミの前から逃げないということです。これは４番打者の宿命だと思っていました。格好つけるわけではありませんが、自分が負けを背負うことによって、ほかの選手が楽になると考えていたのです。それも４番の仕事なんだと思っていました。

「掛布、３三振」でスポーツ紙の一面になったときはすごく悔しく感じましたが、打てなくて見出しになるということは、どこかで「認められているのだな」という思いもありました。それまでは打てばほめられていたのが、打たないとたたかれるようになったのです。その変化が、心のどこかでうれしかったのです。
　それからは、常に日常生活の中でもプレッシャーを感じながら野球をやっていました。だからこそ、**グラウンドの中では、打席の中**

のルーティンなどを守り、心の波を小さくすることを心掛けたのです。

4番打者はファンのためにわがままでもいい

　例えば10‐0で負けている試合で8回に打席が回ってくると、4番打者の私は出塁など考えず、ホームランしか狙いませんでした。

　これは、単なるわがままではないのです。プロはファンのため、自分のためにやる野球があります。アマチュアは何点差であろうとすべてチームの勝利のためですが、プロでは違う野球があるのです。特に阪神とか巨人とか人気チームの4番打者はなおさらです。

　阪神は惨敗しても「掛布のホームランを見られただけで満足」と帰ってくるファンがいるのです。試合展開には影響のない1本のホームランでファンが期待している本塁打王になれるかもしれないのです。

　大敗の中でホームラン狙いの打席は単なるわがままではなく、4番としてやらないといけない野球なのです。競った試合展開でもないのに、初球をチョコンとセンター前にヒットを打ってもファンは喜ばないはずです。

　でも今の選手は優等生が多く、「チームの勝利のために」というのが口癖のようになっています。「ファンのために」と、わがままな野球をしてくれる選手が出てきてほしいものです。そのためにキャンプから何万回とバットを振っているのですから。

　私の現役時代は、安藤統男監督が「4番の野球」を後押ししてくれました。例えば巨人の江川卓さんと対戦するとき、試合前のミーティングで「高めのストレートには手を出すな」とチームとしての決めごとをつくりました。

　でもミーティングが終わったあとに安藤監督が、「おまえは高め

183

のボールを打ちたいんだろう？　打っても構わないよ」と言ってくれたのです。４番打者とエースの対決を束縛せず自由にやらせてくれました。それがファンのためであり、チームのためにもなるとわかっていたのでしょう。そこまで許してくれる監督のために無様な打撃はできませんでした。

江川さんとの真っ向勝負

　同い年の江川さんとは巨人のエースと、阪神の４番として全身全霊、プライドをかけた対決をしてきました。実は調子が悪いときこそ、江川さんと対戦したかったのです。なぜかと言うと、私のいいところを引き出してくれるからです。

　無駄なものをすべて捨てられる、ということです。私は真っすぐを打ちたい。江川さんは真っすぐで抑えたい。カーブはあくまで見せ球。最後は内角高めの真っすぐを打つか、抑えるかの勝負でした。もちろん、江川さんのストレートに対する怖さはあります。江川さんのほうにも、ひとつコースを間違えればスタンドに持っていかれるという怖さがあったはずです。

　そういう混じりっけのない勝負ができる投手がいたということは、幸せなことです。抑えられるともちろん悔しさはありますが、三振してもいいスイングができたと納得できることもあるのです。

　本当に自分の調子がガラリと変わるきっかけになる存在でした。振り返れば江川さんだけでなく、広島の大野豊さん、大洋の遠藤一彦さんら同い年で各チームのエースとの対戦は自分のいいものを引き出してくれ、打者として成長させてくれました。４番打者はいいライバルにも恵まれる、これも４番打者の宿命だと思うのです。

184

POINT

- [ ] 4番打者は重圧と緊張に対処するため、日常や試合でのルーティンを重視し、常に安定したメンタルを保つことに努めるべき

- [ ] プロとしてファンの期待に応えるため、ときにはわがままなプレーをすることも重要

CHAPTER_07　心構え

COLUMN_07

4番打者に必要なこと

最近は早打ちの選手が多い

　三振をすごく嫌う指導者のもとでは、どうしても早打ちになってしまいます。とりあえず、バットに当たるボールは手を出していくという感じです。

　投手心理を考えると早打ちは確かに得策です。これは今も昔も変わらないのですが、最初のストライクを取りにくるボールが一番甘くなる傾向があるからです。

　それに加え、今はバッテリーが昔よりフォークやスプリットなど「縦の変化」で勝負する時代ですから、カウントを追い込まれる前に打ちたいというのもわかります。だから初球の甘いボールを狙うのは決して間違いではありません。

　でも、何でもかんでも初球から振りにいっては一流の打者にはなれないということです。とりわけ本当の4番打者を育てるには、見逃し三振はOKぐらいの形で打席に立たせたいのです。

　今はストライクをひとつ取られただけで、ツーストライクを取られたみたいに心理的に追い込まれている感じの選手が少なくありません。江夏さんの言葉ではないですが、いい投手はボール球を3つ投げる勇気があるように、打者も2つストライクを取られるまで大丈夫という余裕がほしいのです。

4番には「振らない怖さ」も必要だ

　そしてもっと言うと、たとえ見逃し三振をしても、４番打者は４打席の中で結果を出せばいいのです。４打席で12個のストライクの中のひとつを本塁打にすればいいのです。

　それを４番打者の打撃だと考えると、２死走者なしで初球の外角ストレートを軽くミートして逆方向へのシングルヒット。これを喜ぶ野球が果たして正解かどうかということです。

　引っ張っての火の出るような当たりのシングルヒットや、アウトでも強いゴロやライナーならまだわかります。４番打者として２死走者なしで、初球から軽く合わせるようなヒットはいらないということです。もちろん、得点圏に走者を置いたり、先頭打者で出塁が求められるケースは別です。振らない怖さも４番打者には必要となるのです。

187

おわりに

　本書を通じて、私の打撃理論や現役時代の経験が、みなさんのプレーに少しでも役立つことを願っています。

　野球というスポーツは、その技術や戦略の奥深さゆえに、多くの人々を魅了し続けてきました。打者として打席に立つ瞬間は、まさに野球の醍醐味が凝縮された瞬間です。ピッチャーと対峙し、瞬時に判断を下し、バットを振る。その一瞬に至るまでに積み重ねられた努力と技術が結果を生み出します。

　本書で特に強調してきた「レベルスイング」は、私自身が長年の経験の中で最も重要だと確信している打撃技術のひとつです。
　シンプルでありながら、極めるには深い理解と繰り返しの練習が必要です。このスイングの奥深さを理解し、マスターすることで、みなさんの打撃力が一段と向上することを確信しています。

　振り返れば、私の野球人生は常に挑戦と学びの連続でした。新人時代はもちろん、ベテランとしての役割を担うようになってからも、常に自分の技術を見直し、改善を重ねてきました。
　特に、スランプに陥った時期や、期待される結果が出ない時期には、基本に立ち返ることの重要性を痛感しました。「レベルスイング」もそのひとつであり、私が壁にぶつかったとき、何度も助けられてきた技術です。

　本書に記した理論や技術は私自身の経験に基づくものですが、野球に対する普遍的な真理も多く含まれています。みなさんがこれらを自分自身のプレースタイルに取り入れ、さらなる高みを目指していただければ、これ以上の喜びはありません。

ただし、どれほどの技術を身につけても、野球の本質的な楽しさを忘れてはなりません。

　勝利を目指すことはもちろん大切ですが、その過程で味わう達成感や仲間との絆、そして失敗から学ぶこともまた、野球の魅力です。失敗を恐れず、常に前向きな姿勢で取り組んでください。試合に勝つことだけでなく、野球そのものを楽しみ、愛し続けることが、長く続けていくための秘訣だと思っています。

　最後に、私が現役時代に学んだ知識や経験が、みなさんの野球人生において少しでもお役に立てることを願っています。みなさんがこれからも野球に情熱を持ち続け、さらなる成長を遂げることを心から応援しています。本書がその一助となれば幸いです。

　ありがとうございました。そして、これからも野球を楽しんでください。

2024年9月　掛布雅之

掛布雅之（かけふ　まさゆき）

プロ野球解説者、評論家。1955年、千葉県出身。習志野高校卒業。73年、ドラフト6位で阪神タイガース入団。本塁打王3回、打点王1回、ベストナイン7回、ダイヤモンドグラブ賞6回、オールスターゲーム10年連続出場などの成績を残し、「ミスター・タイガース」（4代目）と呼ばれる。85年には不動の四番打者として球団初の日本一に貢献。88年に現役を引退。阪神タイガースGM付育成＆打撃コーディネーター、二軍監督、オーナー付シニア・エグゼクティブ・アドバイザーを経て、2020年、HANSHIN LEGEND TELLERなどを歴任。

掛布の打撃論

2024年11月1日　初版発行

著　者　掛布雅之　©M.Kakefu 2024
発行者　杉本淳一

発行所　株式会社日本実業出版社　東京都新宿区市谷本村町3-29　〒162-0845

編集部 ☎03-3268-5651
営業部 ☎03-3268-5161　振　替　00170-1-25349
https://www.njg.co.jp/

印刷／壮光舎　製本／若林製本

本書のコピー等による無断転載・複製は、著作権法上の例外を除き、禁じられています。内容についてのお問合せは、ホームページ（https://www.njg.co.jp/contact/）もしくは書面にてお願い致します。落丁・乱丁本は、送料小社負担にて、お取り替え致します。

ISBN 978-4-534-06144-7　Printed in JAPAN

日本実業出版社の本

下記の価格は消費税(10%)を含む金額です。

野村メモ

野村克也
定価 1540円(税込)

野村野球の兵法をまとめ大ヒット作となった『野村ノート』。そのノートは50年にわたる球界生活の「伝説のメモ」がもとになっていた。メモ魔の知将・野村克也による「気づき」を「実行」に昇華させる技術。「メモは連想を呼び、想像（創造）力を刺激する」

火の玉ストレート

藤川球児
定価 1485円(税込)

阪神タイガースのレジェンド・藤川球児が、現役引退後にはじめて語る「勝負の思考と哲学」。華やかに映った剛球「火の玉ストレート」。その裏に隠された苦闘、そして栄光の軌跡……知られざる事実と野球人生のすべてを語り尽くす。

「一生懸命」の教え方

小倉全由
定価 1540円(税込)

「一生懸命」というシンプルなメッセージを体現すべく、熱い行動・気持ちを自ら見せることで、子どもたちの心を動かし、いかに成果につなげていくかを甲子園の常連校・日大三高を率いる名将が教える。「今どきの子ども」を伸ばす本当のリーダーのあり方とは。

いいところをどんどん伸ばす

前田三夫
定価 1540円(税込)

甲子園の名将として知られ、数多くのプロ野球選手を輩出してきた帝京高校・前田名誉監督による、選手の「伸びしろ」を見つけ、育てる指導法を紹介。Bクラスの選手を育て上げ、甲子園で勝ち、プロ野球にも数多くの選手を送り出すことができた秘訣とは？

定価変更の場合はご了承ください。